«Geradezu glücklich dürften Daheimgebliebene sein, wenn sie die Geschichten des Reporters Andreas Altmann lesen.» (NDR)

Nach dem Abbruch seines Jura- und Psychologiestudiums arbeitete Andreas Altmann unter anderem als Zeitungsausträger, Hausmeister, Taxifahrer, Gärtner, Spüler, Straßenbauarbeiter, Buchclubvertreter, Nachtportier, Dressman, Postsortierer und Fließbandarbeiter. Danach studierte er drei Jahre lang Schauspiel am Salzburger Mozarteum und stand anschließend in München und Wien auf der Bühne. Den Vertrag mit dem Wiener Schauspielhaus kündigte Altmann vorzeitig, er entzog sich auch Versuchen des Arbeitsamts, ihn zum Maschinenbauschlosser umzuschulen. Stattdessen ging er nach Indien in einen Ashram, später in ein Zen-Kloster in Kyoto, lebte anschließend in Paris, New York und Mexico City. Reportagen von Andreas Altmann sind seitdem in allen wichtigen deutschsprachigen Magazinen erschienen. 1992 erhielt er den renommierten Egon-Erwin-Kisch-Preis.

Außerdem lieferbar: «Land der Freien. Mit dem Greyhound durch Amerika» (rororo 22371) und «Einmal rundherum. Geschichten einer Weltreise» (rororo 22931).

www.andreas-altmann.com

Andreas Altmann Notbremse nicht zu
früh ziehen! Mit dem Zug durch Indien
Rowohlt Taschenbuch Verlag

9. Auflage April 2017

Originalausgabe
Veröffentlicht im Rowohlt Taschenbuch Verlag,
Reinbek bei Hamburg, Dezember 2003
Copyright © 2003 by Rowohlt Verlag
GmbH, Reinbek bei Hamburg
Umschlaggestaltung any.way, Andreas Pufal
(Foto: Bildagentur Schapowalow / Allantide)
Karte auf S. 7 von Peter Palm, Berlin
Satz aus der Veljovic PostScript
bei Pinkuin Satz und Datentechnik, Berlin
Druck und Bindung
CPI books GmbH, Leck, Germany
ISBN 978 3 499 23374 6

Für die «ACH», die umtriebige
Tausendfüßlerin.

Für Josef W., der mir
bisweilen das Leben rettete.

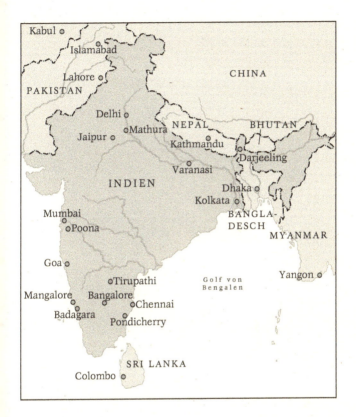

Bert Brecht «Alles übergab ich dem Staunen, selbst das Vertrauteste.»

Al Pacino «Ich verlasse mich nur noch auf meinen Enthusiasmus.»

Paul Morand «Wenn ich tot bin, macht aus meiner Haut einen Koffer.»

In zehntausend Meter Höhe, mitten im Himmel über der saudi-arabischen Wüste, erzählt mir Mister Chatterjee eine Geschichte. Wir sitzen im Flugzeug nach Bombay, und minutenlang hat der elegante Mensch neben mir mit geschlossenen Augen dagesessen und gelächelt. Ich will auch lächeln. Eine lange Reise liegt vor mir, Leichtigkeit wäre hochwillkommen. Um mich zu wappnen gegen die schwerwiegenden Gedanken, die Indien in jedem provoziert.

Sobald Mister Chatterjee die Augen öffnet, muss er Auskunft geben. Woher kam der selige Ausdruck auf seinem Gesicht? Sanft dreht der Inder den Kopf und erzählt, an was er gerade dachte: Ein chinesischer Bauer hatte gehörigen Stress. Er war arm und lebte mit drei anderen armen Schluckern in einem Raum. Der Bauer war arglos und ruhig, die drei zänkisch und laut. Draußen vor der Tür streunten Hunde, Hühner und Schweine, auch sie zankten und lärmten. Viel zu selten war dem Bauern eine stille halbe Stunde zum Meditieren vergönnt. So machte sich Lu auf den Weg zu seinem Zen-Meister, um einen Ausweg zu finden.

Der Meister hörte die Klagen und sagte: «Das scheint ein eher einfaches Problem, ich denke, ich kann dir helfen: Geh zurück in dein Dorf und lade die Hunde, Hühner und Schweine in dein Zimmer ein. Verbringe eine Woche mit ihnen, dann komme wieder.»

Lu war perplex, aber er tat, wie ihm vom Meister vorgeschlagen. Nach einer Woche kam er in einem jämmerlichen Zustand zurück, die Kleider zerrissen, sein Körper stinkend, rot und schlaflos die Augen. Unter Tränen berichtete er: «Die Erfahrung war schlimmer als die Hölle. Ich weiß nicht, ob ich das verdient habe.» Der Meister antwortete gelassen: «Alles wird sich nun regeln. Geh zurück in dein Dorf und lebe wie zuvor, ohne Tiere. Nach sieben Tagen berichte, was passiert ist.»

Ein weiteres Mal tat der Bauer, was der Meister vorschlug. Aber als er nach einer Woche erneut wiederkam, leuchtete sein Gesicht. Mit strahlenden Augen erzählte er dem Mönch: «Nie zuvor in meinem Leben war es so friedlich. Nur meine drei Freunde und ich, und keine Tiere im Raum. Kein Grunzen, kein Gackern, kein Schnattern, kein Dreck, kein Gestank. Wir alle schliefen ausgezeichnet, und die Tage über war ich zufrieden und voller Freude.»

Dafür umarme ich Chatterjee. Die Story wird mich nähren. Damit ich nicht als nörgelnder Empörer über das Land reise. Damit ich nicht die Freuden aus den Augen verliere, die Indien nur denen schenkt, die es lieben.

Mumbai ist der neue Name für die größte Stadt Indiens. Anflug über die Slums. Ich sehe ein Kind nach oben winken. Was denkt der Junge wohl? Dass Götter herabschweben und ihn abholen? Mich holt Shiva ab. Ich habe ihn nicht bestellt, aber er ist der Schnellste, der am Ausgang auf mich zuspringt und zu seinem Taxi entführt. Shiva muss eine Wiedergeburt des berühmtesten indischen Gottes sein. Beide haben denselben Namen und eine ähnliche Lust, auf sich aufmerksam zu machen. Mit Vollgas fährt Shiva auf Adheri los, einen Vorort. Vielleicht ist die Höchstgeschwindigkeit nur Ausdruck seiner Enttäuschung, weil ich nicht in die Stadt will, nur zum nächsten Bahnhof. Sofort fällt mir wieder ein, dass jeder Fremde stolz ist, der dieses Land bei lebendigem Leib übersteht. Unversehrt von allen öffentlichen und privaten Vehikeln, die auf ihn zuschießen. Überleben als Ausdruck von Glück und Zeichen von Achtsamkeit. Jedes Jahr sterben knapp eine Million Menschen im Straßenverkehr, weltweit. Indien liefert unverdrossen seinen Anteil an Leichen.

Vom ersten Tag an will ich mit der Eisenbahn reisen. Die produziert auch ein paar hundert Tote und ein paar tausend

Verletzte. Aber sie gilt als romantisch, als Hort seltsamster Überraschungen und Garant jener ewigen Wahrheit, dass immer der auf der Strecke bleibt, der Indien aufräumen und renovieren will. Jeder Zugpassagier muss wissen, auf was er sich einlässt. Sich beschweren? Sich bemitleiden? Nichts wäre komischer. Ich will es machen wie Lu.

Ich bin zu früh. Am Zeitungskiosk in Adheri kaufe ich «Trains at a glance», einen Fahrplan. Der witzige Teil steht hinten. Hier entdeckt der Leser eine «Charter», Hinweise auf die Rechte und Pflichten aller Reisenden. Am lustigsten die Informationen über «Entschädigungen». Indian Railways unterscheidet zwischen «Zugunglücken» und «unglücklichen Vorfällen». Das wären terroristische Aktionen, Schießereien («shootouts») und Krawalle. Wer sie als Krüppel überlebt, bekommt umgerechnet 8000 Euro, wer nur leicht verletzt wird, kann mit zehn Euro rechnen. Ich beschließe, unverkrüppelt und unverwundet davonzukommen.

Alle fünf Minuten fährt ein Zug ein, Frauen und Männer auf dem Weg zu ihrem Arbeitsplatz in Mumbai. Ich versuche zweimal einzudringen, vergeblich, alle Türen sind bereits von der hiesigen Bevölkerungsexplosion verstopft. Beim dritten Anlauf habe ich Glück. Ich sehe einen Waggon vorbeirauschen, an dessen Ende «Handicapped-Compartment» steht. Das ist feines Indien-Englisch und soll auf kein behindertes Abteil verweisen, sondern auf ein Coupé, das für Versehrte reserviert ist. Unverzüglich humple ich drauflos, der Rucksack verstärkt die Mühsal. Die anwesenden Krücken-Besitzer lächeln scheu und machen Platz. Ich weiß nicht, ob sie scheu lächeln, weil sie das Spiel durchschauen, oder aus Überraschung darüber, dass auch Weiße hinken und leiden. Aus Dankbarkeit erfinde ich die Geschichte von meiner Ex-Frau, die versuchte, mich mit ihrem BMW zu überrollen. Deshalb das steife Bein. Storys von wahnsinnig gewordenen

Verwandten kommen in Indien gut an. Keine andere Institution ist in diesem Land für mehr Glück und Desaster verantwortlich als die Familie.

In Indien lüge ich nicht, hier phantasiere ich, mache es nicht anders als seine Einwohner. Die Wirklichkeit interessiert sie nur am Rande, sie wollen Märchen, Gleichnisse, Parabeln, die viel wahrer sind als die nackten Tatsachen. Wie das Märchen vom Bauern Lu, seinem Unglück und seiner Wiederauferstehung. Zudem ist mein Beitrag der Auslöser für einen freundlichen Gedankenaustausch. Jetzt erzählen die anderen, was zu ihrer Verletzung führte. Am dramatischsten klingt die Geschichte des jungen Manoj. Er arbeitete als Maurer. Bis er samt Bambusgerüst umfiel. Nach hinten, im 45-Grad-Winkel, fünfzehn Meter lang. Immerhin auf einen Haufen Sand. Seitdem wackeln die Hüften.

Eine knappe Stunde dauert die Fahrt, irgendwann Stille, irgendwann fragt Mister Dasgupta, der seinen rechten Arm im letzten Krieg gegen Pakistan verlor: «Sind Sie Deutscher?» Da ich mich vor solchen Fragen grundsätzlich drücke, antworte ich: «Sehe ich aus wie einer?» Und Dasgupta, wunderbar kryptisch: «Ja und nein, manchmal nicht.»

Mumbai, der Moloch. Am nächsten Morgen wandere ich zur Victoria Station, vor hundertfünfzehn Jahren eröffnet und nach der damaligen Königin von Großbritannien und Kaiserin von Indien benannt. Sie hat der Welt einen ergreifenden Satz hinterlassen: «Lie back, close your eyes and think of England.» Ein verzweifelter Rat an die Damen der Inselwelt, den Geschlechtsverkehr einigermaßen unbeschadet hinter sich zu bringen. Noch heute leidet der Subkontinent an dem Exportartikel «Eros – made in England», der über dreihundert Kolonialjahre lang hierher exportiert wurde. Fairerweise muss erwähnt werden, dass die Königin es .

sich später noch einmal überlegte und von einem sinnliche-
ren Leben träumte. So ließ sie regelmäßig indische Fakire
nach London schaffen, Yogameister, die ihr vorturnen mussten. Irgendwo wird sie geahnt haben, dass zwischen körper-
licher Gewandtheit und sinnlicher Genussfähigkeit ein Zusammenhang besteht. Alles vergeblich, nichts schlug an.
Die Erinnerung an den «spinster», die unerlöste Witwe im
Buckingham-Palast, ist wichtig. Auf dieser Zugreise werde
ich erfahren, dass noch immer ein eherner Keuschheitsgür-
tel das Land umschließt.
Sicherheitskontrollen, Notieren der Personalien, Bodycheck,
dann darf ich zum «Chief Public Relation Manager» des Bahnhofs. Der Boss ist ein herzlicher Boss. Ich bettle um Drucksa-
chen, um Informationen zur Geschichte der Indian Railways.
«No problem», alles geht seinen indischen Weg. Der Boss klingelt, und ein Kalfaktor wird beauftragt, zwei Bücher zu bringen. Als sie kommen, zücke ich die Geldscheine. «No problem», aber dazu müsse ich rüber ins große Zimmer, dort
werde eine ordentliche Rechnung geschrieben. Im großen
Zimmer liegen Halden von Papier, und zwischen den Halden
machen sich sogleich sechs «paper pusher» (ein Beruf mit
Erbfolge) auf die Suche nach einem Quittungsblock. Zuerst
frenetisch, dann rasch erlahmend, dann freudig. Denn kein
Block findet sich, aber ein Stempel, auf dem «Complimenta-
ry» steht. Siebenmal saust der Stempel in die Bücher, lächelnd
werden sie mir als «Freiexemplar» überreicht. Eine Meister-
leistung: Das Angenehme (sich nicht mehr strecken und bü-
cken müssen) und das Großzügige (ein Geschenk an einen
Fremden) miteinander verbinden, die Inder machen es vor.

Roald Amundsen hinterließ Aufzeichnungen, in denen er
von minutenlangen, frostkalten Duschen sprach, die ihn auf
die Fahrt zum Südpol vorbereiten sollten. Wer sich für die

Entdeckung der indischen Eisenbahn rüsten will, dem sei eine Spritztour von hier nach Thane empfohlen. Sie wird ihn stählen. Die knapp 34 Kilometer waren die ersten Eisenbahnschienen, die in Indien, ja Asien, verlegt wurden. Nachdem sich das englische Parlament und die Geldgeber darauf geeinigt hatten, dass mit einem Eisenbahnnetz in Indien besser Krieg zu führen und schneller Waren an die Häfen zu transportieren, sprich effizienter Land und Leute leer zu rauben wären, setzte sich am 16. April 1853 um 15.25 Uhr in Bombay der erste Zug in Bewegung. Die Presse berichtete, die «Eingeborenen» seien wieder einmal überwältigt gewesen vom Genie des Weißen Mannes. Da sie keine Pferde und Ochsen entdeckten, die die vierzehn Waggons mit den vierhundert geladenen Gästen zogen, vermuteten sie, dass «the wonderful white man» wieder gezaubert und Dämonen und andere wunderliche Kräfte eingesetzt hatte. So brachten sie Kokosnüsse und «besänftigende Opfergaben», um den überirdischen «ag-gadi», den Feuerwagen, die wild speiende Dampflok, zu begütigen.

Fußnote: Die Inder haben die Neuerung umgehend akzeptiert. Anders in China, da führte sie ein Vierteljahrhundert später zu Aufständen. Die ersten Gleise mussten wieder herausgerissen werden. Nicht zu stillen war der Zorn abergläubischer Alter.

«150 glorreiche Jahre» nachdem Neugierige entlang der Strecke niederknieten und den Eisenbahn-Gott anbeteten, kaufe ich ein Rückfahrticket nach Thane und betrete um 8.35 Uhr eine «EMU», eine Electric Multiple Unit. Jene spartanisch möblierten Vorortzüge, die zweitausendmal pro Tag in die Bahnhöfe Mumbais einlaufen, um eine Arbeitnehmer-Armee von zwei Millionen morgens anzuliefern und abends wieder heimzukarren.

Verdächtig zivilisiert fängt es an. Ich kann sitzen, ungehindert den Kopf drehen und atmen. Mein Blick fällt auf ein Werbeposter, man sieht eine fröhliche Familie an einem geräumigen Tisch hocken und frische Kuhmilch trinken. Bettler ziehen ein, einer schreit «Allah», einer quetscht das Akkordeon, der kleine Nago hat genügend Platz für seine Flicflacs. Ich wundere mich, dass immer mehr Leute einsteigen, obwohl der Zug noch immer stadtauswärts fährt. Sie wollen doch rein nach Mumbai und nicht zurück in den Vorort? Bis ich kapiere: Sie steigen bereits vor der Endstation ein, um auf der Rückfahrt in den Moloch schon an Bord zu sein. Als wir in Thane ankommen, verlässt kaum jemand seinen Platz

Die vierunddreißig Kilometer zurück beginnt Indien. Wer jetzt aussteigen will, wird von den Neuzugängen zurückgewirbelt. Die Logik, dass mehr Platz vorhanden ist, wenn zuerst Passagiere den Zug verlassen, diese Logik klingt hierzulande völlig unlogisch. Bald stehen Männer zwischen den Knien jener, die sitzen. Ausschließlich Männer, denn jeder Zug besitzt ein «Ladies' carriage», in das nur Frauen dürfen. Das ist weise, denn so mancher würde im Schutze des Gewühls nach verbotener Nähe suchen. Bald stehen drei Männer zwischen einem Paar (sitzender) Männerknie.

Mein Kopf ist nun fest zwischen zwei Gürtelschlaufen verankert. Hinter den Gürtelschlaufen stecken zwei blitzsaubere Hemden, sicher Bankangestellten-Hemden. Wir drei kommen gut miteinander aus, das Duo rührt sich nicht und ich kann immerhin mit den Augen rollen. Sie rollen nach links und werden belohnt. Auf zärtliche Weise. Ich sehe zwei Männerhände, die verliebt miteinander spielen. Direkt unterm Fenster. Sie haben Recht, keiner kann sie entdecken, so dunkel ist es, so umstellt sind sie von Hosen und Beinen. Schon anrührend diese Sehnsucht nach erotischer Heimlichkeit, zweimal heimlich. Sinnlich und homosexuell sinnlich. Alles

Gründe, nichts davon an die Öffentlichkeit dringen zu lassen.

Pablo Neruda fällt mir ein, der Präsident Allende auf dessen Wahlreisen begleitete und seinen Freund um die Gnade des Zehn-Minuten-Schlafs beneidete. Zu jeder Zeit, an allen Orten. Inder sind ähnlich begabt. Ein paar liegen mit offenen Mündern auf fremden Schultern, andere sitzen wie Tote mit hängenden Köpfen da. Wer nicht schläft und aussteigen muss, leitet das Manöver drei Stationen davor ein. Irgendwo las ich einen Bericht über vier Kartenspieler in indischen Vorortzügen. Schon möglich, da die Nachricht aus dem Jahr 1993 stammte. Da gab es zweihundert Millionen Inder weniger, damals war noch Platz für vier Arme zum Ausstrecken.

Nach einer halben Stunde bade ich in Schweiß, Salztränen laufen in meine Augen, die Gürtelschlaufen schmerzen. Ich würde gern wissen, warum ich mir den Beruf des armen Reporterschweins ausgesucht habe. Warum ich nicht, sagen wir, ein Genie wie Somerset Maugham geworden bin. Dann würde ich in feinsten Hotels logieren und jeden Morgen auf schattiger Terrasse der Sekretärin den nächsten Welterfolg diktieren. Ohne eine einzige Zeile leben zu müssen, ohne am ganzen Leib zu dampfen, ohne je von einem anderen Leben zu träumen. Ich wäre Genie, sonst nichts. Tagsüber würde ich die Welt neu erfinden und abends mich zum Dinner umziehen. Vor dem Zubettgehen würde ich einen letzten Blick auf das Diktierte werfen und schon wieder wissen, dass ich teuflisch begabt bin.

Aber eine Freude kommt, die versöhnt. Irgendwann läutet ein Handy, keine zwei Hintern von mir entfernt. Ich rolle die Augen nach rechts und sehe einen Langen, der sich mit beiden Händen an einen von der Decke baumelnden Haltegriff klammert. Er muss der Angerufene sein, denn er macht Anstalten, die Arme nach unten, Richtung Jackentasche, zu bewegen. Aber das geht nicht. So viel Platz ist nicht. Man sieht sein fieberhaft arbeitendes Hirn: Wie komme ich an das Telefon? Es läutet weiter, und wir stellen uns alle die Frage: «Wer klingelt hier an?» Die Gattin? Sicher nicht, sie weiß seit vielen Jahren, dass ihr Mann um diese Zeit unmöglich sein Handy erreichen kann. Wer dann? Nun kommt der Augenblick, in dem Genies eingreifen und folgendes diktieren würden: «... Das war der Tag, an dem Mister Singh einen Anruf bekam, der nicht für ihn bestimmt war. Undenkbar, jetzt zu antworten. Als Singh endlich ausstieg, wählte er die Nummer, die noch auf dem Display zu sehen war. Ein Mister Kiru meldete sich. Singh erkannte die Stimme und wusste, dass von nun an sein Leben einen anderen Lauf nehmen würde ...»

Als der Zug in der Victoria Station hält, schwappen wir wie Springfluten auf den Bahnsteig. Die meisten mit heiteren Gesichtern. Kein Ärger über das Zugemutete, eher Freude, dass sie es wieder heil überstanden haben. Die Seligsten werden mit lauten Schlägen an die Außenwände vom Personal geweckt. Sie haben verschlafen. Es muss schnell gehen, Minuten später setzt sich der EMU wieder in Bewegung.

Eine Stunde später, kurz vor 11.30 Uhr, treten hier Männer auf, die einen Beruf ausüben, der einzig in Mumbai existiert: Die Dabbawalla, die Blechdosen-Männer. Sie sind fast alle Analphabeten und bekamen von dem amerikanischen Wirtschaftsmagazin *Forbes* ein «6 Sigma»-Prädikat, das wäre eine «99,999999»-prozentige Zuverlässigkeit, soll heißen: Bei sechs Millionen Erledigungen begehen sie einen Fehler.

Was erledigen die kleinen Männer? Sie schwirren vormittags durch die Hochhäuser der Vorstädte, klopfen an und bekommen vier ineinander verschachtelte Blechschalen, warm und voll mit Reis, Linsen, Chapati-Brot, Soße und Salat: Das Mittagessen, zubereitet von Ehefrauen für ihre in der Großstadt arbeitenden Männer. Mit dem Fahrrad pesen die Dabbawalla damit zum nächsten Bahnhof, laden ein. Am Zielort Mumbai übernehmen die Kollegen die Bleche, hieven sie via Lattenroste auf ihre Köpfe, balancieren damit ins Freie, verteilen die Dosen – jede hat einen farbigen Code auf dem Deckel – wieder auf Fahrräder. Bis zu vierzig Stück pro Mann. Jetzt lostreten und ab ins Business-Viertel. Der Code – den können sie lesen – zeigt an, in welchen Wolkenkratzer, in welchen Stock, vor welche Tür das Mittagessen soll. Natürlich könnten die Angestellten auch in der Kantine essen. Aber 175 000 von ihnen jagt die uralte Angst, die Mahlzeit würde – nicht auszudenken – «unrein» zubereitet von einem «Unberührbaren». Fünftausend drahtige Männer leben seit über einem halben Jahrhundert von dieser Phobie. So erfolgreich, dass sie in letzter Zeit von Großbetrieben eingeladen wurden, um über ihr System zu reden. Um zu erklären, wie sie mit einfachsten Mitteln eine solche «performance rate» schaffen.

Auch klar: Die Ehemänner und Söhne könnten ihr Mittagessen morgens selbst mitbringen. Aber das gilt als unschick. Zudem hat ja kein zusätzliches Reiskorn mehr Platz in den voll gestopften Waggons. Ein Super-GAU würde losbrechen, sollten die Bleche aufgehen und die würzigen Saucen an den strengen Bügelfalten der Herren hinunterlaufen.

An diesem Vormittag bin ich der 5001. Dabbawalla. Raghunat nimmt mich mit, ich darf neben seinem Fahrrad herlaufen und nach einer Viertelstunde vor dem Air-India-Gebäude in die Knie gehen, eine halbe Minute Atem holen, dann die ersten Bleche auf unsere vier Arme verteilen und vor bestimmte Eingänge auf verschiedenen Stockwerken abstellen. Bis hinauf in den elften, ohne den Lift zu benutzen. Warum nicht? Der Alte traut den Aufzügen nicht. Dann weiter zur Citibank und zum Indian Express, der großen Tageszeitung.

Raghunat denkt nie nach, er weiß längst alle Türen auswendig. Als wir fertig sind, gibt es eine lustige Überraschung, mein Boss will ein Bakschisch. Ich dachte, er wird mir auf die Schulter klopfen und dreimal danke sagen. Ein Pförtner kommt hinzu und erklärt mir Raghunats cleveren Gedankengang: Er hätte mir doch eine Gelegenheit verschafft, eine neue Erfahrung zu machen? Wäre das nicht ein halbes Hundert Rupien wert?

Abends schlendere ich in die Falkland Road, bekannter unter «Fuckland Road», hier stehen die verfügbaren Mädchen. Belebte Straße, das ganz normale indische Chaos, Dreck, Krach, die entspannten Restaurantbesitzer vor ihrer Kasse, ein Kino mit Postern voller coltschwingender Schurken, querstehende Kühe, links und rechts parken Kutschen, Hochzeitsgäste können sie mieten. Alle fünfzig Meter steht ein Bordell, vor dem viele junge Frauen lächeln und locken, viele nicht lächeln, nur stumm ihre Leiber neben dem Trottoir aufstellen. Bisweilen späht eine Gruppe potenzieller Kunden von der anderen Straßenseite herüber. Und wartet. Sie sind geil und mutlos, selten geht einer los und verhandelt.

Mister Sahni spricht mich an. Sehr glücklich scheint er hier nicht. Er kämpft mit sich. Eine Hure kaufen oder nur davon träumen? Plötzlich sagt der ältere Herr, am «Bandra Point», einem Abschnitt am Strand der Stadt, könne ich meine Freundin mitbringen und «kiss and hug». Mehr nicht, «not to sleep», soll heißen: Küssen und umarmen wäre möglich, ohne dass der Volkszorn ausbricht. Eigenartig, warum Sahni das erwähnt. Vielleicht will er sich Mut machen, will den Eindruck verbreiten, er würde noch teilhaben.

Fest steht, zum Liebesspiel kommt niemand in die Falkland Road. Sex in Indien ist «quick business», quicker noch, wenn dafür bezahlt werden muss. Möglicherweise geniert sich Sahni für sein Alter, für die Tatsache, dass es ihn noch immer nach der Nähe einer nackten Frau verlangt. Ich bin eiskalt und sage ihm, dass auch Hundertjährige ein Recht auf Wärme haben. Der Alte zieht dankbar einen «estimate slip» aus der Brieftasche. So poetisch nennt er seine Visitenkarte. Wir verabschieden uns. Als ich zurückblicke, steht Sahni noch immer auf der anderen Seite, zögert noch immer.

Ich ziehe weiter und laufe Pankaj in die Arme. Er nimmt mich bei der Hand und stellt sich als «messenger», als Bote, vor. Seine frohe Botschaft: «Ich kenne private Mädchen, junge Mädchen, wilde Mädchen, Schulmädchen, Mumbai-Mädchen, Delhi-Mädchen.» Schon das Wort «private girls» verwirrt. Wir ziehen los. Nach einem Dutzend Nebenstraßen sind wir am Ziel: Eine dunkle Mauer, ein dunkles Eisentor, drei dunkle Gestalten. Sie lassen die Muskeln spielen, wenn nötig. Hinter der Tür ein schummriges «Wartezimmer», auf der weißen Plastikcouch soll ich Platz nehmen. Ich bin mir im selben Augenblick nicht mehr sicher, ob es eine gute Idee ist, sich hier niederzulassen. Denn ich schleppe mein gesamtes Bargeld und den Mac mit mir herum. Mein Hotel ist zu lausig, um Wertgegenstände dort zu lassen.

Die Überlegung kommt zu spät. Eine Seitentür öffnet sich abrupt, und acht Mädchen marschieren auf. Kaum stehen sie in einer Reihe, reißt ein vierter Muskelprotz an einem Hebel, und ein gemeines Flutlicht bestrahlt die Halbnackten im Bikini. Ein paar von ihnen schaffen tatsächlich ein Lächeln. Um die Tortur abzukürzen, sage ich gleich, dass ich mich entschieden habe. Der Hebel schnellt zurück, Mangal und ich werden in das «Vorzimmer» geführt, ein winziges Kabuff, die Enge soll sicher zur gegenseitigen Erhitzung beitragen. Das Mädchen zeigt mit dem Finger auf eine andere Tür und flüstert: «I and you love.» Das Kabuff fungiert somit als zweites Wartezimmer, wenn das Bett noch besetzt ist.

Das ist der Augenblick, in dem ich zu lügen anfangen muss.

Denn nun wäre Zahltag, für dreißig Minuten zehn Euro, für zwei Stunden vierzig. Spezialpreise für den Weißen Mann. Lügen müssen, weil bezahlter Sex in Indien eine Zumutung ist. Ich bin hierher gekommen, um das Prozedere zu erfahren, nicht den angebotenen Service. Lieber das Keuschheitsgelübde ablegen, als sich foltern zu lassen von einem Gemisch aus erotischer Unbegabung, jahrhundertelang genährten Schuldgefühlen und einer trotzigen Wut auf den Kunden, der an allem Schuld hat.

Ich frage noch scheinheilig nach der Polizei, ob deren Auftritt nicht zu befürchten sei. Um die Schweigegelder für den illegalen Betrieb zu kassieren. Aber nicht doch, der Hebel-Mann grinst, er selber wäre Polizist. So verspreche ich dem Freizeit-Zuhälter, dass ich schnell einen Bankautomaten suchen wolle, um die nötigen Scheine runterzuladen. Um elf sei ich zurück.

Ich gehe nochmals zur Falkland Road. Diesmal werde ich belohnt. Eine Frau mit einem wunderschönen Gesicht steht da. Und einem Dekolleté, das einen atemberaubenden Busen offenbart. Wir reden. Ich will nicht glauben, dass ein solcher Mensch nicht eine wohlriechendere Umgebung finden könnte, um ein paar Rupien zu verdienen. Aber «Stella» antwortet ausweichend. Plötzlich irritiert mich ihr selbstsicheres Auftreten, zu selbstsicher für eine indische Frau in Anwesenheit eines Fremden. Ich frage, ohne zu überlegen: «Sind Sie ein Mann?» Und Stella, jetzt eindeutig und keineswegs verstimmt: «Nein, ich war ein Mann.» Der Satz bringt die Erinnerung an eine vor langer Zeit gelesene Reportage zurück: Die Falkland Road ist auch das Zentrum der «Hijras», jener Wesen, die als Männer auf die Welt kommen und nichts anderes wollen, als eine Frau zu werden. So ist der Wunderbusen ein Wunderwerk der Technik. (Dass ein Mann die schönsten Brüste hat, nichts soll einen wundern in diesem Land.) Für den entscheidenden Eingriff – «the cutting» – muss Stella noch sparen. Deshalb wartet sie hier auf Freier. Beim Abschied fragt sie weich: «What is your darling name?» Wie romantisch: Einen besonderen Namen haben, wenn man zu seinem Darling geht.

Auf dem Heimweg lese ich in der Zeitung, «Richard Gere is in town». Der Amerikaner rennt vor jedes Mikrofon in Mumbai und erzählt den Indern, dass eine «Zeitbombe tickt»: Aids. 3,9 Millionen Einwohner sind schätzungsweise infiziert. Viele Millionen mehr jedoch erkranken an Gastritis oder Malaria oder Ignoranz. Viele Millionen sterben daran. Über eine halbe Milliarde kann in diesem Land nicht lesen und schreiben. Oder sie lesen und schreiben wie Siebenjährige. Hier tickt die Bombe. Aber mancher hat eben eine Begabung für die fotogenen Probleme. Ein skelettöser Aidskranker ist fotogen, ein Analphabet nur ein stumm dasitzendes Männchen, nicht der Rede, nicht des Blicks wert.

Der kapitale Humbug, der im Zusammenhang mit dieser Krankheit oft verlautbart wird, kann auch Anlass zu Heiterkeitsausbrüchen sein. Ein indischer Minister wurde unsterblich, nachdem er seine Landsleute wissen ließ: «Aids wird nicht nach Indien kommen, denn Inder haben keinen Sex.» Zu seiner Verteidigung könnte man anmerken, dass der Satz nicht die ganze Wahrheit spricht, nur fast die ganze, die schon.

Gere verkündet unheimliche Sätze. Ich zitiere ihn noch einmal, weil ich jeden beneide, der solche Gedanken ohne Anflug von Ironie verbreitet: «Ja, schon möglich, dass die guten Taten in meinen Vorleben für mein gutes jetziges Leben verantwortlich sind.» Hat der heilige Richard Recht, dann war ich während der letzten Jahrhunderte ein schlechter Mensch. Gere darf derlei Weisheiten vom edlen Sofa seiner Luxussuite loslassen, ich steige aus einem klapprigen Bus und wetze auf mein desolates Zimmer, Hose runter, mein virulenter Magen verfolgt nur ein Ziel: loslassen dürfen.

Am nächsten Morgen gehe ich zu dem Hotel, wo der Schauspieler predigt. Die letzten hundert Meter dorthin sind anstrengend. Wie die «Gürtel der Armut» in Mexico City umlagern die Habenichtse die Hochburg der Alleshaber. Direkt vor dem Eingang stehen zweiundvierzig Männer und starren konzentriert auf die Doppeltür. Die Chauffeure starren, sie wollen den Wink ihres Herrn nicht versäumen. Sollte er irgendwann herauskommen und winken. Auffällig, dass acht von zehn Stinkreichen dem Türöffner nicht in die Augen sehen. Von einem Gruß, einem Lächeln nicht zu reden.

Früher galt ein Grandhotel als Brutstätte von Geheimnis, Verführung, ja Weltwissen und elegantem Snobismus. Heute genügen zehn Minuten Aufenthalt in der Nähe der Rezeption, um sich von dieser Illusion zu verabschieden. Proleten und Parvenüs, Männer und Frauen mit dumpfen Geschmacksnerven fläzen in den Sesseln, mit Leggins und Nike, Trainingshose und Hawaiihemd, weißen Tennissocken und splitternackten Waden, denen man drei Dutzend Enthaarungsstuben spendieren möchte. Wie ich höre, ist Mister Gere bereits abgeflogen. First class.

Hinterher tue ich das, was ich bereits vor der Reise beschlossen habe: Regelmäßig nach ein paar Tagen Streunen und Wandern einen Ort aufzusuchen, der still ist, der Geist ausstrahlt. Wo nichts Ohren und Augen massakriert, kein ätzender Geruch die Nasenflügel entzündet, keiner hinter mir her winselt und Gerechtigkeit fordert. Wo ich Indien verdaue, wo ich mit Hilfe von Sprache versuche, mit dem Land fertig zu werden. Aus Erfahrung weiß jeder Schreiber, dass der Herzmuskel ruhiger schlägt, sobald sich das träge Fleisch zum Schreiben überredet hat, sobald man seine Gedanken als Buchstaben und Worte vor sich auftauchen sieht. Erst beim Wörterfinden erkenne ich den Sinn dessen, was mir widerfahren ist, übersetze ich die stummen Bilder in meinem Kopf in Sprache. Nur Reisen, wie unerträglich. Käme nicht immer wieder der Augenblick, in dem ich mein zweites Leben beginnen darf, würde ich umkehren und nie mehr aufbrechen. Andere rufen nach Gott, mich behütet das Alphabet.

Der Wachtposten am Polizei-Hauptquartier weiß die richtige Adresse. Zehn Minuten später sitze ich in der State Central Library. Ich muss stürmisch lügen, um dasitzen und den mitgebrachten Computer benutzen zu dürfen. Denn Vorschrift ist: Nur Bücher ausleihen und Bücher lesen. Dass zehn Steckdosen zur Verfügung stehen, dass ich niemandem – auch in Indien raufen keine Massen um Lektüre – den Platz wegnehme, das alles soll nicht gelten. Wer so penetrant nein sagt, der muss in die Irre geführt werden. So fordere ich ein großes Buch an («The fight for freedom») und tippe – ausreichend dahinter versteckt – mein Tagebuch.

Nachmittags bekomme ich Besuch, ein Mann setzt sich an meinen Tisch. Höchst aufmerksam liest er, mit bewegten Lippen, schreibt Sätze raus. Ich bin umso neugieriger, da der Mensch in nichts einem Intellektuellen ähnelt, eher einem Handwerker oder Arbeiter. Ich frage und Mister Vadivel reicht mir unverzüglich das mit einem Umschlag versehene Buch «Guide to good writing», verlegt bei Random House, New York. Der Sechsundvierzigjährige ist Vertreter, Männerhosen-Vertreter, aber in seiner Freizeit will er Schriftsteller werden. Angefangen hat die Sehnsucht, als er in einer Zeitung ein Gedicht von W. H. Auden las. Der englische Dichter hatte in dem Sonett den Tod seines Liebhabers beweint. Obwohl die Zeilen keinen Trost spendeten, nur Trauer hinterließen, hatte Vadivel die seltsame Empfindung, dass die Schönheit der Verse ihm ein erstaunliches Wohlgefühl bereiteten. Das wollte er wieder finden, ja selber lernen, das Schöne herzustellen. Um ihm Mut zu machen, erzähle ich ihm ein paar Daten aus dem Leben von Charles Bukowski, auch ein «latebloomer», der erst Leichenwäscher, Tankwart, Müllkutscher, Birnenpflücker, Eisenbahn-Bremser, Zuhälter und Briefsortierer werden musste, um als Weltberühmter zu enden.

Am nächsten Morgen zu Fuß zur Victoria Station. Ich fürchtete, dass es passieren wird. Und es passiert. Ein Duell geht los. Einer von den zweihundert oder dreihundert hier ansässigen Bettlern wird mir eine Lektion erteilen. Sie geht so: Der Mann stellt sich in den Weg und wimmert. Ich grätsche links an ihm vorbei. Jetzt wimmert er von hinten, stets im Abstand von einer Unterarmlänge. Jeder Ton soll mich an mein steinernes Herz erinnern. Wir wissen beide, dass es um diese Uhrzeit nicht belästigt werden will vom Elend der Welt. Aber der andere ist der Stärkere, sein Wimmern wird schriller, er ahnt den Schwächling in mir, der irgendwann nicht mehr hören will, dass er ein Schweinehund ist. Der Schrille führt sich auf, als hätte er von modernen Werbestrategen gelernt. Er hämmert so lange drauflos, bis der andere erschöpft einknickt und das tut, was er nicht wollte: Geld rausrücken.

Um 6.50 Uhr verlässt der Zug den Bahnhof Richtung Poona. Sauber, kein Gedränge, die funktionierende Klimaanlage. Nach Thane habe ich vier Stunden Sorglosigkeit verdient. Die Bauchschmerzen der letzten Tage klingen ab, Indien erwacht, die Morgensonne strahlt über den Tau der Felder, Eisenbahnfahren ist das Glück. Schauen, denken, lesen, sich freuen über das Privileg, dass man umsorgt wird, dass einer vorne am Steuer steht, dass einer vorbeikommt mit Sandwiches und Tee, dass ein «Travelling Ticket Examiner» freundlich nach den Fahrscheinen verlangt, dass man ununterbrochen neben einem großen Fenster sitzen darf, an dem die Welt vorbeifährt.

Nach einer halben Stunde steigt eine ältere Dame zu. Ich helfe ihr mit dem Gepäck. Sie reicht mir ihr Billett, da sie nicht weiß, wo sich ihre Sitznummer befindet. Auf dem Schein – das ist so üblich bei Indian Railways – steht neben Zielort, Klasse, Preis und Name auch das Alter: 68. Manchen Frauen kann man nur gratulieren. Für die Gene und die Disziplin, mit der ihr Gesicht den Anwürfen der Zeit widersteht. Mit knapp siebzig so daherkommen, das ist ein Sieg.

Missis Travis und ich kommen ins Gespräch. Sie ist Eurasierin mit indischer Mutter und britischem Vater, lebt in London und besucht augenblicklich Verwandte, eine Hochzeit steht an. Sie erwähnt eine Bombendrohung in Heathrow, spricht von ihrer Angst vor Terroristen (*das* Thema in Indien), erzählt, dass sie einen Tag vor den Anschlägen auf das World Trade Center per Flugzeug New York verließ.

Als ich das höre, drehe ich mich ab und kichere verstohlen. Wieder ein Beleg, dass sich damals mindestens eine Milliarde Menschen einen Tag vor oder nach diesem schwarzen Dienstag in New York aufhielten. Oder gerade ankamen oder weggingen oder auf irgendeine andere Weise mit der Stadt in Kontakt standen. Inzwischen habe ich Hunderte getroffen (und von Tausenden gelesen), die noch Augenblicke zuvor im «Windows on the World»-Restaurant gesessen, am Vorabend die Southeast Plaza zwischen den beiden Wolkenkratzern überquert, im gegenüberliegenden Hotel Marriott kurz nach acht Uhr morgens ihre Rechnung bezahlt oder eine Verabredung für 10.15 Uhr im 109. Stock abgesagt hatten. Einen traf ich, der berichtete von einem «Ruck», der durch sein Bett in New Jersey ging, als Mohammed Atta auf der Suche nach den siebzig Paradiesjungfrauen in den 81. Stock des Nordturms raste.

Wer es nicht nach New York geschafft hatte, der durfte zumindest melden, dass er zwölf Stunden zuvor seinen Flug in die Staaten abgesagt hatte. Wer auch damit nicht aufwarten konnte, der hatte wenigstens noch eben mit Manhattan telefoniert. Wer auch dazu nicht imstande war, der ließ mich glatt wissen: «Schon eigenartig, noch gestern dachte ich an New York.»

Es muss raus aus mir, auch wenn ich mich blamiere: Ich habe nicht einmal an New York gedacht, auch nicht die Woche davor. Ich war an dem besagten Datum um 9.46 Uhr New Yorker Zeit in einem gräulichen Kaufhaus, Tausende von Meilen und Gedanken von New York und der Weltgeschichte entfernt und – shame on me – betrachtete eine Reihe von Seifenhaltern. Weiß jemand einen Akt monströserer Banalität? Kurz darauf entschied ich mich für ein hellblaues Modell. Dann kam der Schrei. Vom fünften Stock, dort befand sich die TV-Abteilung. Geschrien haben jene, die immerhin rechtzeitig vor dem Fernseher standen. Schon wieder kam ich zu spät.

Nachdem Missis Travis auf halbem Weg ausgestiegen ist, gehe ich durch das Abteil und suche. Nach Kommunikation, nach einer, nach einem, der oder die etwas weiß, das ich wissen sollte. Meine Lieblingsopfer sind Frauen, die lesen. Sie liefern den besten Vorwand, sie anzusprechen. Mein Interesse für das Buch schützt mich vor dem Verdacht, ein Unhold zu sein. Unholde lesen nicht, nur sensible Männer lesen. Noch hat keine dieser gewagten Behauptung widersprochen. Umgekehrt stimmt es auch: Frauen, die Bücher mit sich herumtragen, sehen verlockender aus als die Bücherlosen, die Gedankenlosen, die Zufriedenen.

Ich mache vor einem stillen Wesen Halt. Sie rettet mich, sie ist die einzige, die konzentriert dasitzt und in ein Buch blickt. Madhu überrascht, denn ich erwartete die Lektüre einer

Jane Austen oder Virginia Woolf. Jedenfalls einer Autorin, die über Frauen spricht, über die Anstrengung, sich als Frau in einer (indischen) Männerwelt zu emanzipieren. Aber Madhu hält den neuesten Bestseller in Händen: «You can win», von Shiv Khera. Ein flott schreibender Business-Fuzzi, der uns allen einreden will, dass wir «Winners» sind. Auf jeden Fall sein könnten. Ich darf schmökern. Ich folge dem Rat von William Faulkner, alles zu verschlingen, auch Mist, denn irgendwie könne uns jeder etwas beibringen. Wie wahr. Bei Mister Khera stehen ein paar Metaphern, die intelligent klingen. Hier eine der klügsten, sie redet von der Angewohnheit, nicht nach neuen Gedanken zu suchen, dafür faul und ranzig dem Trott der alten zu folgen. «Fangen eines Affen in Indien» heißt die kurze Story: Die Jäger stellen einen Kasten auf, dessen Boden mit Nüssen bedeckt ist. Mit der flachen Hand kann der Affe danach greifen. Mit der geballten Faust, voll mit Nüssen, kann er aber nicht mehr durch den Schlitz zurück. Er müsste die Nüsse loslassen. Er hätte die Wahl. Was er nicht schafft. Er kann nicht wählen, denn er tut immer dasselbe. Er bleibt gefangen in seinem «Denken», die Jäger brauchen ihn nur noch abzuholen.

Als ich aufblicke, ist Madhu eingeschlafen. Sacht lege ich das Buch zurück, flüstere «thank you» und verschwinde.

Für die Reise mit dem Zug durch Indien gibt es nur einen vagen Plan: Von Mumbai Richtung Süden, dann rüber nach Osten, dann entlang dem Golf von Bengalen Richtung Kalkutta, zuletzt den weiten Weg durch den Norden, Endstation wieder Mumbai. Der Plan ist willkürlich, eine Million andere Routen existieren in dem Land. Dennoch, die Entscheidung fiel leicht, Indien garantiert Überraschungen, wohin man sich auch verirrt.

Am Bahnhof von Poona stehe ich sogleich unter dem persönlichen Schutz von Soumik, der mir mit seiner Rikscha den Weg abschneidet, einen fairen Preis nennt und mit mir zu einem Hotel düst, wo er eine Kommission einstreicht. Das Bett ist hart, und die Dusche funktioniert, Soumik hat Wort gehalten. Ich deponiere den Rucksack und fahre hinaus zum Koregaon Park. Aus reiner Sentimentalität bin ich zurückgekommen.

Hier befindet sich noch immer der im Frühjahr 1974 von Bhagwan Shree Rajneesh gegründete Ashram. Die letzten Jahre vor seinem Tod im Januar 1990 ließ sich der Guru «Osho» nennen. Osho, der Meister, der Ozean, der ozeanische Meister. Ende der siebziger Jahre lebte ich hier einen Sommer lang. Ich will wissen, was blieb und was nicht.

Zuerst soll eine Geschichte erzählt werden: Seit bald zweihundert Jahren unterhalten die Deutschen eine besondere Beziehung zu Indien. Schon Hegel murrte über die «Indomanie» seiner Landsleute. Das hat die Liebhaber nicht abgehalten. Es gibt für sie keinen anderen Kontinent, der so verführt, so verwirrt, so eigensinnig anders ist als alle anderen. Keinen Gegensatz lässt er aus, nichts ist so, wie es scheint. Nicht die Inder, nicht die indische Wirklichkeit, nicht der indische Himmel. Dass gerade die Deutschen über dieses Land ziehen, muss einen Grund haben. Vielleicht fehlt ihnen das Leichte, vielleicht vermuten sie gerade hier diese Leichtigkeit.

Im Jahr 1911 reiste Hermann Hesse nach Indien. Auch er suchte Erlösung vom schwerwiegenden Los eines Deutschen, der nie aufhören durfte zu denken, der nie loslassen konnte, den nichts mehr schreckte als ein paar Stunden sinnlosen Glücks. Er träumte von einem Hirn, das er – beizeiten – stilllegen, und einem Herzen, dem er – für immer – Hingabe abverlangen konnte. «Zuversicht üben in das augenblickliche Leben», das war einer der Sätze, den er ganz oben in seinem Marschgepäck verstaute.

Der Dichter gehörte zu den hartnäckig Unglücklichen. Dabei erhielt er Tage vor seiner Abreise einen Brief seines damaligen Verlegers Samuel Fischer. Einen Brief, der andere Schriftsteller dankbar auf die Knie hätte sinken lassen: «Ich hinterlege zu Ihrer freien Verfügung den Betrag von viertausend Mark. [Viertausend vor hundert Jahren!] Schreiben Sie was für mich oder schreiben Sie nichts. Ich jedenfalls werde mich glücklich schätzen, dazu beizutragen, Ihre innere Welt zu bereichern.»

Knapp ein Jahrzehnt nach der Reise wird Hesse an einem Buch zu arbeiten beginnen, das seine, das unsere, das die ganze Welt bereichern wird: «Siddharta», das Leben des jungen Buddha. Was H. H. selbst nicht geschafft hat, das leichte Glück, das Lässige, die Angstlosigkeit, das schafft sein Held. Hesse war eben Künstler. Das hautnahe Leben nötigte ihn zur Suche nach Auswegen. Er meditierte nicht, er schrieb über Meditation.

Schade, dass dem Schriftsteller nicht jener Sadhu, jener «heilige Mann», über den Weg lief, dem ich einst im Himalaya begegnet bin. Der Alte hatte keine Lust auf Theorie, keine Geduld mehr für die ewig gleichen, ewig gleich törichten Fragen des Weißen Mannes. Trocken ließ er mich wissen: «Das Gegenteil von Meditation ist das Reden über Meditation.» Augenblicke später rief er mir nach: «Sit down and shut up.»

Zurück zum Koregaon Park. Seit meinem Aufenthalt im Ashram hat Indien um vierhundert Millionen Inder zugelegt. Die Bevölkerungsexplosion explodierte auch in Poona, aus einer Großstadt wurde eine Megapolis. Ich muss mich neu orientieren, alle früheren Bezugspunkte sind verschwunden. Ich erinnere mich an das Restaurant «Prem», das allein auf weiter Flur stand. Heute muss mich jemand hinführen, unter Betongebirgen ist es verschwunden. Der

Fortschritt – lassen wir es bei dem Wort – ist brausend einge-
zogen. Feine Boutiquen, feine Restaurants, feine Hotels. Hinweise auf ein «Cyber-India» leuchten, «Internet» steht an jedem dritten Eck, sogar «video conferencing» wird geboten,
denn «time» – jetzt auch in Asien – «is precious».

Die German Bakery («Please, do not sit for a long time»)
funktioniert als beliebteste Teestube. Die gab es auch nicht.
Gut aussehende Frauen und Männer, meist aus der westlichen Welt, treffen sich hier. Bhagwan-Osho hatte schon
immer eine Begabung, die Schönen zu faszinieren. Viele
der Gäste sind «Oshoites», nehmen an Gruppen und Kursen
teil.

Auch anders: Früher trugen die Anhänger des Gurus orange-
farbene Kleider, hell wie die Sonne. Nun heißt die vorge-
schriebene Farbe «maroon», dunkelrot. Warum das? Der
wirkliche Grund der Verordnung – hinter dem offiziellen
Geplapper, «dass alles sich ändern muss» – hat mit der aktu-
ellen innenpolitischen Situation zu tun. Die ist konservati-
ver, unduldsamer geworden. Hindu-Fundamentalisten sahen hellrot, wenn sich innig umschlingende Pärchen aus
Europa oder Amerika in einer Farbe kleideten, die im Hinduismus für «Sannyasins» reserviert ist. Ebenjene, die sich
von allem zurückgezogen hatten. Auch vom Umschlingen
von Frauenkörpern.

Ein kleines Grinsen lässt sich nicht unterdrücken: So ein blei-
cher Weißer, noch ganz den Buckel gekrümmt vom Unter-
schreiben dreier Hausratsversicherungen zum Schutze des
schweißgebadet angehäuften Besitzstands, so ein Mensch
promeniert jetzt in dunkelroter Kutte. Das hat noch immer
was Komisches, was Bizarres. Leicht sieht anders aus.

Ich gehe zum Visitors' Center der «Osho Commune International». Wer heute am Ashramleben teilhaben will, muss zuerst einen Aidstest machen. Bei gleichzeitiger Abgabe seines

Passes. Wer positiv testet, bleibt draußen. Aber es gibt zwei tägliche Führungen, beaufsichtigt und ohne Test. Ich schließe mich einer Gruppe an, will kein Oshoite mehr werden, will nur schauen und hören.

Es beginnt mit einem Video, Osho spricht. Ich mag noch immer sein Gesicht, seine Stimme, sein witziges Englisch, seine elegant manikürten Finger. Dann auf zum «silent walk» durch das Gelände. Wir sind zehn Männer, davon neun Inder, plus eine Frau, eine Inderin. Alle stillschweigend. Fragen, heißt es, können hinterher gestellt werden.

Durch den noch immer schönen Ashram, das Gefühl für architektonische Proportionen scheint ungebrochen. Bäume, Büsche, Blumen, ein stiller Weiher, leuchtende Pfauen, zenschwarz gestrichene Gebäude, alle umstellt vom Grün subtropischer Vegetation. Ich erkenne vieles wieder, auch den Marmorboden der «Buddha Hall», die inzwischen abgerissen wurde und einst viele Vormittage als Forum diente für Bhagwans liederliche Reden. Liederlich, weil er sich mit allen Religionen anlegte, keine mit seinem Spott verschonte, auch nicht die eigene. Neu ist die «Osho Plaza», hier liegen die Büros der «Osho Multiversity», eben keine uni-versity, sondern eine multi-versity. Hochtechnisch, kühl, eine Batterie von Computern übernimmt die Verwaltung. Eine dreiundzwanzig Seiten starke Broschüre informiert über das spirituelle Angebot, voller uralter und brandneuer Wörter: Aura-Soma, Awakening of Love, Body Flow, Celebrating the New Woman, Chi Kung, Intuitive Tarot, Mystic Rose Training. Sie alle sind von keinem bescheideneren Anspruch beflügelt als jenem, aus dem von tausend durcheinander schwirrenden Sehnsüchten getriebenen Menschen des 21. Jahrhunderts ein Wesen zu formen, das intelligenter, ja sinnlicher sein Leben hinter sich bringt.

Wir kommen an Männern und Frauen vorbei, die entspannt

dasitzen, leise miteinander reden. Oder still sitzen, einen Tee trinken, ein Buch lesen, im «Bookshop» mit Oshos gesammelten Werken stöbern. Zwei zupfen die Gitarre, einmal höre ich ein Lachen, drei mit erhitzten Gesichtern kommen uns entgegen. Wie ich später erfahre, saß das Trio in der hauseigenen Sauna. Ansonsten wüsste man nicht recht, warum hier Leiber ins Schwitzen geraten sollten. Nicht ohne Grund heißt das Unternehmen heute auch «Osho Meditation Resort», ein Urlaubsort mit Meditationsanschluss. Eine Wohlfühl-Oase, ein Altersheim für Junggreise, schick, blitzsauber und sagenhaft fad. Nach einer Viertelstunde ist die Tour zu Ende, Fragen werden keine beantwortet, wer mehr wissen will, geht nebenan ins Welcome Center. Dort wird man über die verschiedenen Angebote informiert, links davon sitzen zwei hinter Glas und warten auf Kunden, die zahlen. Sie müssen lange warten, die Geschäfte lahmen, wegen Überfüllung wird hier niemand abgewiesen. Wer einmal gezahlt hat, kann die schmutzigen Rupienscheine vergessen, drinnen gilt nur noch «play money». Das erinnert an die Kindereien eines Club Méditerranée. Der Niedergang hat somit Gründe. Einer: Wer reist um den halben Globus, um für so viel Biederkeit Geld zu investieren?

Um 18.40 Uhr schweben alle nochmals zurück in den Ashram, jetzt weiß gewandet, jetzt trifft sich die «White Robe Brotherhood» in der neu errichteten Buddhahalle: Hüpfen, singen, schweigen, einem Video mit dem Meister lauschen. Als ich ins Stadtzentrum zurückkehre, ist es dunkel geworden. Die Straße, auf der ich einmal in schwarzer Finsternis mit einem Radfahrer kollidierte, ist heute wie ein Flutlichtstadion ausgeleuchtet. «Come in here» blinkt es irgendwo, dahinter «French Cuisine». Ich bin traurig. Don't look back, ich hätte es wissen müssen. Nie soll man an die Orte seines früheren Lebens zurückkehren. Weil Zustände sich ändern,

ändern müssen. Weil die Gegenwart nie mithalten kann mit der Erinnerung. Sie verliert immer. Weil alles, was hinter uns liegt, nicht aufhört, uns zu bewegen. Ganz gleich, ob das Vergangene wohl tut oder schmerzt. Es bewegt uns, weil ein unwiederholbarer Teil des Lebens vorbei ist.

Im Koregaon Park steht jetzt ein Feriendorf, zugänglich für Vati, Mutti, die gesamte Familie. Der helle Wahnsinn ist weg, das Spinnöse, das zuckende Fieber, der aberwitzige Glaube, dass noch einmal alles anders werden könne. Längst ist der Betrieb aus den internationalen Schlagzeilen verschwunden. Die lokale Presse stänkert noch bisweilen, zeigt die alte Schadenfreude, wenn sie von einer Polizeirazzia auf dem Gelände berichtet, bei der eine illegal betriebene Alkoholspelunke ausgehoben wurde. Zu mehr Schwung, als heimlich blau werden, fehlt den Oshoites offensichtlich die Phantasie.

Sieben Jahre lang, von 1974 bis 1981, traf hier die Weltpresse ein. Um ein Weltwunder zu besichtigen. Bhagwans Genie, westliche Psychotherapie und östlichen Spiritualismus zu verbinden, sein oft himmelblauer Schwachsinn, so erzählt oder angeblich so erzählt, sie reizten. Manche bis zur Weißglut. Der Guru aller Gurus drohte mit einem «Neuen Menschen», Furcht erregend oft tauchte das Wort «Sex» in seinen Reden auf. Die Spießer aller Völker rannten Sturm.

Hechelnde *Spiegel*-Reporter trafen ein, um mit routinierter Bosheit über den «Sexguru von Poona» und sein «Sexkloster» zu giften. Wie man sie verstehen konnte: Von den eisigen Temperaturen einer Elf-Uhr-Konferenz im stinkbraven Hamburg in die Hitze einer außer Rand und Band geratenen Bhagwan-Shree-Rajneesh-Community geschleudert zu werden, da blieb kein anderer Reflex als der allzeit bewährte Zynismus. Er schien sie noch am sichersten zu bewahren vor der Angstschweiß entfachenden Vorstellung, sich nackt ausziehen und Gefühle zeigen zu müssen.

Einer war anders, er arbeitete für den *Stern*. Er kam als Reporter Jörg Andrees Elten und blieb als Schüler Swami Satyananda. Bald veröffentlichte er seine Gründe, warum er das Rattenrennen aufgab und bei Bhagwan einstieg: «Ganz entspannt im Hier und Jetzt» war ein Erfolg, zügig und sauber geschrieben. Nur fehlten ein paar Kapitel. Wie die zu Drogen und Prostitution. Verständlich, denn das Buch war ein «offizielles» Buch, vom Meister in Auftrag gegeben, dem Meister von vorn bis hinten gewidmet. Was am stärksten auffiel, kam nach den 460 Seiten. Eltens zwei Fotos auf der Rückseite des Covers: vorher und nachher. Vorher der schmallippige Hirni mit bombastischer Hornbrille und messerscharf gezogenem Scheitel, nachher der lächelnde Aussteiger mit wildem Haar und wildem Bart, brillenlos.

Deprimierend wahr: Die Lustschreie sind nicht mehr zu hören. Auch mahnt kein Gruppenleiter mehr, sich weniger geräuschvoll zu umarmen, da sonst die nächste Beschwerde aus der Nachbarschaft einträfe. Laut und sorglos vögeln, auch das Vergangenheit. Damals war das Wort Aids noch Billionen Orgasmen vom kollektiven Bewusstsein entfernt.

Bei manchen Kritikern des indischen «Eros-Centers» *(Bildzeitung)* hatte man den Eindruck, die Immunschwäche komme als Erlösung, als Zeichen vom Himmel, als Todesstrafe für jene, die zu leben wagten. Heute haben sich selbst die Moslems und Christen in Poona beruhigt, seit langem beschweren sie sich nicht mehr über die «Zustände» im Ashram. Kein Messerwerfer setzt mehr auf Bhagwan an, nie wieder wird er die Inhaber ewiger Wahrheiten provozieren, nie wieder sagen, dass die Kaaba der dreckigste Stein der Welt ist und Päpste als Hanswurste oder Mitläufer der Gewalt auf dem Misthaufen der Geschichte landen werden.

Das Beste, was Bhagwan produzierte, war dieser Freiraum, in dem jeder für sich herausfinden konnte, dass noch andere

Dinge auf ihn warteten als Gier und Schuldgefühle. Wir glaubten tatsächlich, wir könnten die Drachen loswerden, ein für alle Mal. Waren überzeugt, dass der Neue Mensch – der mutige, der sinnenfrohe, der leichte – mitten im Koregaon Park auf die Welt kommen werde. Er kam nicht. Natürlich nicht.

Bhagwans Vorhersage, dass am Ende des Jahrtausends die Hälfte aller Chinesen «Neo-Sannyasins» – keine Weltverweigerer, sondern Weltbejaher – sein würden, sie scheint heute etwas ungenau. Hätte er angekündigt, dass China zu dieser Zeit von über zweihundertfünfzig Millionen Arbeitslosen geplagt werde, er wäre der Wirklichkeit ziemlich nahe gekommen.

Was viele nicht verstanden, weder die Geiferer noch die Anbeter – Bhagwan forderte Mitarbeit: «Wenn ich schon den Mantel besorge, so steuere du wenigstens die Knöpfe bei.» Wer nach Hilfe verlangte, musste sich anstrengen. Ohne den eigenen Willen, so versprach er, wird sich nichts ändern.

Ich erinnere mich an einen Abend mit Todd, einem Engländer. Er schwankte, in der Rechten hielt er die Bierflasche, in der linken Armbeuge schwoll ein von vielen Einstichen entstellter Hautfleck. Todd kam gerade vom Klo, mit einem vollen Schuss Heroin in den Venen. Sein Sprachzentrum war ins Schleudern gekommen, nur noch nuschelnd plapperte er vor sich hin. Ein Gedanke allerdings schien ihn zu verfolgen: «Sagt einmal, sind Drogen eigentlich gegen Bhagwan?»

Todd war nicht zu helfen, er verkam in Poona als Junkie. Wie andere. Die bloße Nähe Bhagwans bewirkte gar nichts. Ich traf Frauen (und Männer), die hungerten nach innerem Frieden und endeten als Huren (und Lustboys) im Taj Mahal, dem feinsten Hotel und Puff Mumbais. Ein Teil der «Sex-Jünger» *(Die Bunte)* verlor den Verstand, sie warfen sich ununterbrochen vor das Bildnis des Meisters und erklärten jedem, sie seien gerade erleuchtet worden. Einen dieser Irrlichter sah ich später in Berlin wieder. Er stand an einer Straßenkreuzung und bettelte um Geld. Die Verzweifeltsten sprangen nach ihrer Rückkehr vor die U-Bahn, so scheu, so unfähig geworden, mit dem alltäglichen Leben im knallharten Westen fertig zu werden.

Mir erging es wie den meisten: Bhagwan tat gut. Ich zahlte für meine Therapien und schälte nicht eine Kartoffel in der Küche des Ashrams. Nicht eine halbe Minute lang fühlte ich mich als «Sex-Sklave» (wieder *Bild*), lernte nur widerwillig, wie hastig, wie linkisch und furchtsam wir – wir Männer – mit Sexualität umgingen. Nie wurde ich verprügelt, nie geschändet, nie in eine Situation gezwungen, die ich nicht hätte verantworten können. Vollkommen unerleuchtet kam ich zurück nach Europa. Reicher jedoch, da ich nun von anderen Umgangsformen der Welt und mir gegenüber wusste. Weil Erfahrungen hinter mir lagen, die zu den herausforderndsten meines Lebens gehören. Für sie alle halte ich Bhagwan alias Osho verantwortlich. Und Indien, tausendmal Indien.

An diesem Gefühl hat sich nichts geändert. Auch nicht, als 1982 der Absturz begann und das Liebesmeer austrocknete. Der Ashram zog nach Amerika. Ein stetig anschwellender Größenwahn und der ihn hilfreich nährende Neoliberalismus fingen an, die Bewegung zu verpesten. Diadochenkämpfe brachen los, mit kaltblütigsten Mitteln wurde um Geldkisten und Macht gekämpft. Die Wärme schwand, in Handschellen wurde der inzwischen drogenabhängige Mister Chandra Mohan, B.s bürgerlicher Name, vom FBI abgeführt, zu zehn Jahren Gefängnis mit Bewährung, einer Geldstrafe von 400 000 Dollar und einer umgehend vollstreckten Landesverweisung (November 1985) bestraft.

Die Pforten im Koregaon Park öffneten sich wieder. Vergeb-

lich, das lodernde Feuer und das Gefühl sinnlicher Unschuld
waren verschwunden.

Nach solchen Desastern hilft ein Satz der Buddhisten: «Triffst
du Buddha auf der Straße, töte ihn.» Buddha, der Guru, der
Lehrer, soll als Hebamme dienen. Um das in jedem schlum-
mernde Potenzial zu heben. Irgendwann muss der Schüler
allein leben, ohne ihn, ohne Krücke. Er muss «erwachsen»
werden, muss Buddha vergessen, ihn «töten». Als Zeichen
seiner Unabhängigkeit. Ich habe Bhagwan längst getötet,
was bleibt, ist Dankbarkeit.

Ich verbringe noch einen Nachmittag in Poona. Ich mag
dieses Vier-Millionen-Stinkloch, es hat Charme, ich treffe keinen Unfreundlichen, bewundere nur wieder das indische
Talent, das Unübersehbare zu übersehen. Ich komme noch
einmal an der «Pollution watch» vorbei, einem neben einer
Hauptstraße aufgestellten Sensor, der die Umweltverschmut-
zung messen soll. Soll, denn er misst nicht. Er zeigt denselben Wert wie gestern. Von einem Limonadenverkäufer in der
Nähe erfahre ich, dass das Wort «permissible» – erlaubt –
schon vor zwei Jahren auf dem Bildschirm stand. Die Leucht-
schrift verschwindet bisweilen hinter Rauchschwaden.

In der Altstadt finde ich den «Chai-Baba», er sitzt noch immer in seiner Höhle und bereitet Tee auf seinem Benzinko-
cher. Dreißig Jahre im Schneidersitz die Beine kreuzen und
augenblicklich die dreißigtausendste oder vierzigtausendste
Tasse dem Kohlensackträger Karan eingießen, ist das hero-
isch oder unmenschlich?

Ich komme aus zwei Gründen: Entspannen und den Kopf
des Alten bewundern. Wieder einer, der nicht aufhört, schöner zu werden. Die vollen silbergrauen Haare, die klaren
Augen, der spöttische Mund, der tadellos gerade Rücken. Mit
siebzehn schön sein, das ist genetisch, mit fünfundsiebzig,

das ist ein Wunder. Warum gibt es keine Schönheitswettbe-
werbe für strahlende Greise?

Ich habe *The Hindustan* mitgebracht, fast jeden Tag ist das
Lesen einer Tageszeitung in Indien (auch) ein Vergnügen.
Heute wird von einer 65-Jährigen berichtet, die ihrem 72-jäh-
rigen Mann gesunde Zwillinge schenkte. Was im Westen als
Skandal oder medizinische Sensation vorgestellt würde,
kommt hier als unauffälliger Artikel. Der Reporter fragte den
späten Vater, wie das Paar so in Form bleiben konnte. Die
saloppe Antwort: «Ein wenig gekochter Weizen, Hülsen-
früchte, ab und zu ein Opiumpfeifchen.»

Das sind meine Lieblingsaugenblicke in dem Land. Momen-
te, in denen «Hindustan», das Land der Hindus, alle wohlge-
setzten Meinungen auf den Kopf stellt: Frauen können nur
dann als Großmütter gebären, wenn sie vorher mit Hormo-
nen voll gestopft wurden. Und Opium ruiniert, sorgt nie für
einen agilen Männerleib. Ich frage in der Höhle mehrere Inder, was sie von der Story halten. Keiner scheint meine Auf-
regung zu verstehen. Bis einer klarstellt: «You know, we are
in India, everything's possible.»

Abends meldet das Radio ein Zugunglück, zwanzig Tote,
siebenundachtzig Verletzte. Solche Dramen lösen ein Ritual
aus: Der Eisenbahn-Minister aus New Delhi verspricht Geld
für die Verwandten der Betroffenen. Der zuständige Minister des Bundesstaates, in dem die drei Waggons von einer
Brücke fielen, vermutet sofort ein Attentat und schwadroniert von «anti-social elements», die nachts an den Schienen
sägten. (Er schwadroniert leichten Herzens, denn der Verdacht befreit ihn von aller Verantwortung.) Politiker der
Oppositionspartei geißeln die «nicht tolerierbare» Schlam-
perei beim Bau neuer Linien. Journalisten machen sich lustig über den angekündigten Einsatz einer Untersuchungs-

kommission: «Bravo! Doch wer erinnert sich noch an den Bericht über das letzte Unglück?», Untersuchungskommissionen kommen und gehen, aber die Heimsuchungen bleiben.

Schon wahr: Reisen in Indien birgt gewisse Risiken. Indian Airlines gehört zu den Absturzgefährdeteren. In einem Zug sitzen heißt nicht immer ankommen. Über das Ende einer Busfahrt können sich die Angehörigen jeden Tag unter dem unschuldigen Wort «road mishaps» – Straßenpannen – in der Presse informieren.

Das trifft sich gut. Wegen der Feiertage sind die Züge seit Wochen dreifach ausgebucht. So kaufe ich ein Busticket für die Strecke von Poona nach Panaji, der Hauptstadt Goas, dem Winzling an der Küste des Arabischen Meers. Um 18.20 Uhr fährt der Bus mit dem hübschen Namen «Hans» vor. Auch hier wird es eng, enger noch, da der Kofferraum unter Wasser steht und die einundfünfzig Passagiere versuchen müssen, neben ihrem Gepäck noch eine Lücke zum Sitzen zu finden.

Ich klebe hinter einem Fenster, und das alte Spiel beginnt: In diesem Land bin ich als Leuchtturm unterwegs, nicht ich als Individuum, sondern als Vertreter der Rasse der Geldbesitzer. Bettlerschwärme ziehen in meine Richtung, auch jetzt, obwohl nur die halbe Nase hinter dem Vorhang zu erkennen ist. Die reicht, ich werde geortet und zur Übergabe von Cash aufgefordert. Wie finden die mich? Ein Rätsel. Vielleicht sah einer mich im Gewühl zusteigen und signalisierte den andern: «Achtung Beute, rechts hinten, Weißer.» Jetzt wetzen sie von der dritten Nebenstraße herüber und zeigen auf meine Nase. Verräterisch weiß. Ach ja, meinen Hinweis, dass ich Augenblicke zuvor gespendet habe, lassen sie nicht gelten. Beim Betteln ist jeder der Erste.

Busfahren in Indien könnte man als Desensibilisierungs-Programm verstehen. Alle fünfhundert Meter der Höllenangst begegnen und dabei lernen, unaufgeregter und unsensibler mit ihr umzugehen. Oft überholt unser Fahrer genau dann, wenn andere Busse und Lastwagen mit Vollgas die Gegenfahrbahn besetzen. Das geht (heute) immer gut, weil im vorletzten Augenblick der Überholte bremst, der Entgegenkommende bremst und unser Bus scharf links einschwenkt. Niemand der Beteiligten scheint erbost, sie machen es alle so.

Überholen wir nicht, werden wir überholt. Aber wie. Ich sehe einem Range Rover zu, der sich verschätzt. Kein Gasgeben oder Bremsen würde ihn mehr retten. So bleibt er in der Mitte der Fahrbahn, drängt sich bis auf fünf Millimeter neben uns – ich habe den Kopf draußen und beobachte genau – und lässt den Gegenverkehr ebenfalls im Fünf-Millimeter-Abstand an sich vorbeidonnern. Maßarbeit. Es entbehrt nicht einer gewissen Ironie, einem Volk beim Rasen zuzuschauen, das ansonsten nicht durch übertriebene Hast von sich Reden macht.

Es scheint, dass der Inder – genau dann, wenn er sich hinters Steuer setzt – auch die DNA des Erfinders des Autos, des Europäers, übernimmt: Die Sehnsucht nach Beschleunigung. Verlässt er das Steuer, kann er wieder stundenlang und in seliger Ruhe sitzen und schauen, wird er wieder Inder. Ich musste vor Jahren einen Fahrer mit einer «Anti-Akkord-Prämie» bestechen, damit er vom Gas runtergeht. Ich hatte ihn für eine Woche gebucht, er verdiente also nicht eine Rupie mehr, wenn er raste. Sobald wir wo ankamen, saß der Mann friedlichst neben seinem Auto und schlürfte Tee. Er sah aus, als wäre er noch nie in einem Wagen gesessen. Dieser faradaysche Käfig scheint sie zu verhexen.

Wohl um uns abzulenken, legt Pema, der Beifahrer, ein Video ein. Man weiß sofort wieder, dass einer der Vorteile des

Zugfahrens die Abwesenheit dieser Verblödungsmaschinerie ist. Pema kann sicher Gedanken lesen. Um mich zu bestrafen, stellt er auf Lautstärke «Weltuntergang». Ein Bollywood-Produkt läuft. Der Film entpuppt sich in Windeseile als hundsgemein bescheuert. So unbeschreiblich dämliche Visagen laufen von rechts nach links und ballern los, dass ich nach einigen Minuten beleidigten Widerstands wie von Sinnen auf die Mattscheibe glotze.

Der französische Filmregisseur Melville notierte einmal: «Der richtige Gangster verdödelt den Tag am Flipper und haut abends seiner Nutte auf die Fresse. Du musst ihn poetisieren.» Hier wird nichts poetisiert. Der Streifen hat drei rote Fäden: auf die Fresse hauen, morden und anrufen. Seit es Handys gibt, wird in diesen Filmen mindestens ein Fünftel der Zeit telefoniert. Hier sehen wir den Killer nur noch die Taste «1» drücken, die «boss number»: Und die unlustige Visage vom Chef taucht auf, die sich nur kurzfristig erhellt, als er die Meldung über das Ende eines Gegners erfährt. Oft endet das Gespräch damit, oft nicht. Dann nicht, wenn der Boss einen nächsten Namen und eine nächste Adresse durchgibt. Um ein nächstes Opfer erledigen zu lassen.

Man hat vor Erfindung tragbarer Telefone nicht einmal ahnen können, zu welchen Arbeitserleichterungen, zu welcher Zeitersparnis dieser Geniestreich führen würde. Früher musste der Killer noch einen Barmann über den Haufen schießen, um an einen «Fernsprechautomaten» heranzukommen. Heute ist jeder Auftraggeber stets über die Anzahl seiner in Auftrag gegebenen Leichen informiert. Man atmet auf.

Nach der 35. Blutlache ist das Werk vollbracht, meine indischen Freunde haben sich bereits schnarchend in den Tiefschlaf gerettet, ich muss aufbleiben, meine Ohren sausen.

Nach Mitternacht wird der Verkehr tatsächlich ruhiger. Einmal müssen wir runter von der Fahrbahn, das Busunternehmen Hans soll eine «Festival-Gebühr» entrichten, in der nächsten Stadt wird gefeiert. Zur Sicherheit bestreichen die Geldeintreiber die untere Hälfte der beiden Scheinwerfer mit schwarzer Farbe. Eine Vorsichtsmaßnahme, damit sich die (betrunkenen) Nicht-Abblender weniger oft ineinander verkeilen.

Um 6.35 Uhr in Pananji, mit einem Taxi zum Calangute Beach. Ich bin zu müde, um nach einer Unterkunft Ausschau zu halten, ich vertraue. Da ich keine Reiseführer lese, muss ich wohl. Eine Zeitung liegt auf dem Sitz, Überschrift: «Israelis shrug off Goa terror blues.» Der Artikel redet über israelische Touristen, die den Jahreswechsel hier feiern und schon wieder Angst um ihr Leben haben müssen. Gerüchte kursieren, Islamisten aus Kaschmir, Freunde der Al-Quaida-Bande, warteten nur darauf, auf sie anzulegen. Fahrer Anand erzählt, dass die Polizei ein fünftägiges Schießtraining durchgeführt habe. Auf allen größeren Stränden lungern Zivilbeamte.

In derselben Zeitung steht, dass dem Chief Minister von Goa die Gerüchte schwer missfallen. Er kontert clever und behauptet, dass sie von anderen Chief Ministers in die Welt gesetzt wurden, damit potenzielle Feriengäste Goa meiden und bei ihnen das Geld ausgeben.

Anand lädt mich vor «Caitamo's Paradise Guesthouse» ab. Das Paradies-Zimmer ist sechs Quadratmeter groß, beherbergt zwei Kakerlaken und liegt neben einem fröhlich gackernden Hühnerstall. In einiger Entfernung hängt ein Plakat an einer Palme: «Keep Goa a pedophile-free zone». Schon erstaunlich, auf wen sie alles Jagd machen. Selbst die Päderasten sind hier nicht mehr sicher.

Ich gönne mir einen langen Vormittag am Strand. Alle fünfzig Meter steht eine Bretterbude, eine Snackbar. Davor Stühle und Liegen. Ich finde einen Restaurantbesitzer, der sich von mir bestechen lässt und seine vier Lautsprecher gegen einen größeren Schein stilllegt.

Das wird ein guter Tag. Wer immer vorbeikommt und mir die vielen Gegenstände der Welt verkaufen will, die ich nicht brauche, geht mit einem «doesn't matter» oder «maybe tomorrow» davon. Einmal läuft ein kleines Mädchen auf mich zu und reicht einen Zettel. Hier die Rohübersetzung: «Bin taubstumm und Vater tot und Mutter fiel in einen Brunnen und Bruder hat keinen von zwei Beinen.» Hunde betteln und lassen sich streicheln, der Blick auf das Meer verschafft ein nächstes Glück. In der Zeitung steht, dass die Neuausgabe von «Joy of Sex» jetzt «vollständig überarbeitet» in den Buchhandlungen eingetroffen ist. Eine solche Nachricht produziert ein seliges Lächeln: Die Freude am Sex überarbeiten, das ist ein hinreißender, rätselhafter Satz.

Westliche Gäste kommen, sie benehmen sich erfreulich diskret. Eine ungarische Reisegruppe übt sich als Nudisten, die Damen oben ohne. Warum sich gerade jene ausziehen, die es sich noch einmal überlegen sollten, bevor sie uns Einblick gewähren auf ihre intimeren Körperteile, man weiß es nicht. Öffentliche Nackte, das muss nicht sein. Die Erfindung von Textilien zur Bedeckung des Leibes ist eine menschenfreundliche Erfindung.

Aber wir sind in Indien, somit bekommen Tatsachen oft einen Dreh, der überrascht, im besten Fall erheitert. Wie jetzt. Nach einer Stunde, in der die sechs Barbusigen unbemerkt in der Sonne lagen, ziehen indische Männerrudel – vollständig bekleidet, versteckt hinter dunklen Sonnenbrillen – über den Strand. Und schielen. Anders ist es nicht zu erklären, dass sie gerade in der Nähe der Hüllenlosen den Schritt verlangsamen und demonstrativ woanders hinschauen. Wer eine Ahnung hat, wie in diesem Land Männerfleisch von

Scheinheiligkeit und Puritanismus kujoniert wird, der wird den Spannern mit Nachsicht begegnen. Dass sie sich sogar auf den Weg zu weniger aufregenden Brüsten machen, zeigt nur, wie ausgehungert sie sind.

Noch ein Anlass zur Heiterkeit. Viele fliegende Händler laufen mit roter Zipfelhaube oder Knecht-Ruprecht-Mütze (zwei Hörner!) herum, mancher auch vollständig als Weihnachtsmann verkleidet. Wer sie lieb bittet, dem singen sie «Stille Nacht, heilige Nacht» vor. Das hat was, nur so lässt sich die Hanswurstiade vom Fest der Liebe ertragen. Keiner keucht nach Geschenken, keiner schwafelt von Besinnung und der unbefleckten Niederkunft des Herrn Jesus Christus.

Ein paar Meter entfernt reparieren Fischer ihr Ruderboot. Das angenehme Geräusch von Holz, das gespachtelt und gestrichen wird, zieht herüber. Ich komme mit Francis ins Gespräch. Hundert bis hundertfünfzig Rupien verdient er pro nächtlicher Ausfahrt, zwei oder drei Euro. Sein Chef, er deutet auf einem Mann im Boot, ist ein guter Chef, er teilt die Beute gerecht. Sie fahren zu viert hinaus, die Mindestzahl, um die schweren Netze aus dem Wasser zu ziehen. Francis – er ist Christ wie so viele in Goa – strahlt etwas aus, was mich in der Nähe eines Inders oft in einen Zustand von Wohlgefühl treibt. Sein Einverstandensein, wie beneidenswert. Später, wenn ich darüber nachdenke, rebelliert mein Kopf gegen die ergebene Hinnahme der Zustände. Aber im Augenblick der Begegnung mit einem solchen Zeitgenossen überkommt mich dieser «flow», dieses bedenkenlose Fließen mit der Gegenwart. Ich frage Francis, ob wirklich nichts fehle, ob er nie tagträume. Und der 45-Jährige, weise: «Ich träume nicht. Fängst du einmal damit an, hörst du nicht mehr auf.»

Als ich in mein Zimmer zurückkehre, rede ich nochmal mit Caitamo. Seinen «special christmas price» halte ich für sehr spezial. Aber der Kleine ist ein Genie, er zieht ein Bild aus der Geldbörse und schwört bei «Saint Anthony», dass jeder im Haus dasselbe zahlt. Das ist ein Meineid, denn ich weiß bereits, dass die Italiener nebenan weniger hinblättern. Aber Caitamos Pathos, sein Witz entwaffnen. Auch ist kein Ankommen gegen den heiligen Antonius. Ihm gehört die Gegend: Eine Plaza de Antonio gibt es hier, eine Anthony Pharmacy, eine St. Anthony's Beer 'n' Bar.

Abends sitze ich in Maple's Coffeeshop, im Freien. Zwei Nebentische weiter beobachte ich, wie zwei (weiße) Männer ihre Bestellung aufgeben. Komplizierte Wünsche, und nicht einmal fällt «please» oder «thank you». Zuerst denke ich, das ist der typische Herrenreiterton flegelhafter Touristen. Ist er nicht. So flegelhaft sind sie immer, auch in der Heimat. Der Besitzer meines Cafés in Paris fällt mir ein. Er phantasiert von einem Apparat hinter seiner Theke, der automatisch «s'il vous plaît» und «merci» in den Raum spricht, wenn der Kunde es vergessen sollte.

Später besucht mich eine Kuh. Friedlich stellt sie sich neben mein linkes Ohr auf und schnuppert. Ich schaue ihr in die Augen und spüre, wie viel Harmonie so ein rührend debiler Kuhblick verbreitet. Wieder ist es ein indisches Lebewesen, das Frieden spendet und zur Milde mahnt. Ich will friedlich sein und milde, auch mit den Herrenreitern.

Am nächsten Morgen leihe ich mir eine Enfield aus, eine 350-cc-Maschine, Modell «Machismo». – Sie heißt tatsächlich so. Ein wuchtiges Teil. Bento, der Hobby-Verleiher, fragt nach keinen Papieren, dafür fragt seine Frau Santana: «Are you catholic?» Da aus ihrem Tonfall hervorgeht, dass ihr christliche Motorradfahrer lieber sind, bin ich ab sofort Katholik. Helm wird auch keiner verlangt, gut so, nach zwei Gehirnerschütterungen vertrage ich keinen mehr. Ich drehe ein paar Proberunden, bei einer Enfield werden die Gänge nicht geschaltet, sondern reingetreten. Ebenfalls irritierend: Die Fußbremse liegt links, man muss sich schnell daran gewöhnen. Dann raus aus dem Hof Richtung Anjuna Beach.

Beruhigend noch, dass auf einem der ersten Verkehrsschilder steht: «Traffic in Goa is a major killer area.» Ansonsten stimmt alles, was die Legende erzählt: Irgendein Gott, irgendeiner von den Millionen indischer Götter, hat vor endloser Zeit einen Pfeil ins Meer geschossen. Und das Meer zog sich zurück, um Platz schaffen für eine Landschaft, die von nun an Goa hieß. Ein Götterkind, prächtig, hell, verwöhnt, Liebling aller, die es betraten und berührten. Das Wunderkind ist noch heute ein Däumling, 3800 Quadratkilometer winzig, wirtschaftlich unbedeutend und mit nichts anderem begabt als mit Schönheit.

Vorbei an scheu lächelnden Frauen, die am Brunnen die Wäsche waschen. Vorbei an einer johlenden Kinderbande, die mit Steinen bewaffnet eine Sau jagt. Vorbei an einer Klinik, die «sexual problems before and after marriage», nebenbei noch «Pickel» und «unfreiwillige Fürze» behandelt.

Der Anjuna Beach war berühmt in den sechziger Jahren, hier strandeten die Hippies, Tonnen von Hasch wurden täglich vor Ort inhaliert. Heute liegen die Israelis und die schönen Israelinnen am Strand. Karem spricht mich an, er verkauft Armringe. An seinem Blick erkenne ich, dass der Blechschmuck nur Fassade ist. Der Mann schmunzelt, er weiß, dass ich es weiß. Der Moslem lädt mich in sein Haus ein. Er stammt aus Kaschmir. Kein Terrorist, sondern wie viele andere von den Terroristen vertrieben. Karem war Hausbootbesitzer auf dem Dal-See. Da keine Touristen mehr eintrafen, musste er wegziehen, um woanders seinen Unterhalt zu verdienen. In Goa als Dealer. Er dealt mit Ecstasy, Cannabis, Heroin. Er zeigt mir Proben, nennt die Preise. Als ich die Polizei erwähne, sagt er einen Satz, der sehr wahr und sehr falsch sein kann: «Du hast noch immer die Möglichkeit, dich mit einer Kaution freizukaufen.» Er will mich beruhigen und zeigt durch das Fenster. Aus dem Haus gegenüber kommt ein Pärchen. «Schau», sagt Karem, «die beiden stammen aus Haifa, wir sind Partner.» Der Kaschmiri macht keine Sprüche, jeder Bambusflöten-Verkäufer ist auf dem Laufenden: Nicht wenige Moslems und nicht wenige Israelis handeln in der Gegend mit Drogen. Man nimmt erfreut zur Kenntnis, dass sie zumindest in diesem Geschäftsbereich miteinander auskommen.

Ich fahre zum Fort Aguada. Vielleicht ist es intelligenter, wenn ich ohne ein Kilo Brown Sugar ankomme. Neben der alten portugiesischen Festung liegt das «Fort Aguada Jail», eines der gefürchteteren Gefängnisse Goas. Gestern Abend traf ich bei Maple's einen Holländer, dessen Bruder hier einsitzt. Wie viele andere wegen Rauschgiftschmuggels. Bruder Jan (so soll er heißen) hat gelernt, was alle Indienfahrer eines Tages lernen: Die indische Polizei ist ein undurchschaubarer Ausbund an gutem Willen, Trägheit, Heuchelei, Nachsicht und Korruption. Konkret: Wer hier «illicit drugs» qualmt oder feilbietet, sollte sich vorher aufmerksam umsehen. Oft ist nichts zu befürchten, bisweilen sehr viel. Oft stimmt der Satz von Karem, und die rechtzeitige Übergabe von (nicht unerheblichem) «hush money», Schweigegeld, entspannt die Lage. Oft stimmt er nicht: Irgendwann, an irgendeinem Tag, ist alles anders. Dann lässt der Polizeichef ein Exempel statuieren. Damit der brave Bürger beifällig nickt und die Presse von der Rechtschaffenheit der Ordnungshüter berichtet. Kein Lösegeld der Welt kauft jetzt mehr frei. Dann gilt, was auf einer rostigen Tafel neben dem Tor zum Verlies steht: «Strafbar mit 10 bis 30 Jahren Zuchthaus.» «R. I.» wurde noch dazugemalt: «rigorous imprisonment». Arme Zuchthäusler.

Der Bunker liegt grandios, direkt über den Klippen, direkt am Meer, mit Blick auf das Wasser und die Villen auf der anderen Seite der Bucht. Ein gemütlicher Dicker sitzt hinter der verschlossenen Einfahrt, die Flinte auf dem Schoß. Er darf nicht mit mir reden und redet mit mir. Durch das Gitter. Einmal im Monat könne man die Insassen besuchen, mit hochoffizieller Genehmigung. Knapp hundertfünfzig Gefangene schmoren hier, davon fünf Ausländer. Ja, ein Holländer sei darunter, der sei aber eher unauffällig. Bemerkenswert jedoch «Walter», ein Amerikaner, er habe neun Jahre hinter sich und vor kurzem den Verstand verloren. «What am I doing here?», keinen anderen Gedanken könne er mehr murmeln. Als sich von der Straße ein Krankenwagen nähert, gibt mir der Wächter ein Zeichen, zu verschwinden. Er will keine Scherereien.

Mit einer satt tönenden Enfield von einem Zuchthaus wegfahren, in dem manche wegen einer Dummheit ein Drittel ihres Lebens verhocken, das ist nicht fair. «Life is a bitch», meinte der Dicke noch, und ich war erstaunt über seinen Sinn für das Absurde.

Es kommt noch absurder. Nach ein paar Kilometern Fahrtwind und dem innigen Bewusstsein, ein freier Mensch zu sein, überholt mich ein Polizeijeep. Einer streckt die Hand heraus, eindeutig: Stop! Ich stoppe, sie stoppen. Inspector Bohsle, in Begleitung eines Mannes in Zivil, der sich nicht vorstellt, sagt kühl: «Papers!» Ich übergebe meinen Führerschein, auf dem in zwölf Sprachen steht, dass ich das Recht habe, ein Motorrad zu lenken. Zwei überraschende Dinge passieren: Die zwölf sind noch immer nicht international genug, und keiner fragt nach den Papieren für die Enfield. Die ich nicht habe. In dem Augenblick, in dem Bohsle den Ausweis konfisziert und mich auffordert, ihn morgen im Hauptquartier in Panaji abzuholen, weiß ich, was es geschlagen hat. Und spiele mit. Klar, das Dokument muss gecheckt werden. Klar, dass der Aasgeier von mir – morgen, unter vier Augen – für die Auslösung meines Eigentums eine Provision fordern wird. Ich nicke heftig, als der Herr Inspektor die Uhrzeit («4 p.m.») vorschlägt, und bitte noch servil, das gute Stück nur ja nicht zu verlieren. Mit einem Lächeln gehen wir auseinander. Also noch eine Überraschung: Ich darf ungehindert weiterfahren.

Der dreifache Familienvater – Bohsle zeigte mir noch leutselig ein Foto der Familie – wird lange auf die Provision warten müssen. Der Führerschein ist gefälscht, vor Jahren schon in Bangkok erstanden. Gerade wegen Typen wie B., die sich nebenberuflich als Wegelagerer ein Zubrot verdienen. Ich wurde bereits mehrmals geschröpft, irgendwann fing ich an, über Präventivmaßnahmen nachzudenken. Andere Opfer nannten mir eine Adresse in der thailändischen Hauptstadt. Seitdem habe ich fünf «driving licences».

Ich düse nach Old Goa, einst Hauptstadt der portugiesischen Kolonie, einst vergleichbar, so die Legendenschreiber, mit der Schönheit Lissabons. Heute stehen nur noch ein halbes Dutzend mächtiger Kirchen herum. In der Basilika Bom Jesus befindet sich das Grab von Franz Xaver, der im 16. Jahrhundert Indien als Missionar heimsuchte. Er muss einen enormen Eindruck hinterlassen haben, denn der Heilige liegt nur noch unvollständig in seinem Sarg. Historisch verbürgt ist, dass ihm – schon tot, schon schimmlig – Verehrer und Verehrerinnen so manches Körperteil abbissen. Um die Restbestände zu sichern, beschloss die Kirche, den heiligsten Leichnam nur noch alle zehn Jahre der Öffentlichkeit zu zeigen. Streng versiegelt hinter Glas.

Ich bleibe bis spät in der Nacht. Um ein Gefühl für eine heitere Szene zu bekommen, die sich hier in Old Goa vor über hundertfünfzig Jahren zugetragen hat: Sir Richard F. Burton, unheilbarer Romantiker und mutigster Abenteurer, kam hier vorbei und verliebte sich. In eine Nonne, «schwarzäugig, mit rosigfarbenen Lippen». Er ließ Zweitschlüssel anfertigen, verkleidete sich als Wandermönch und drang um Mitternacht ins Kloster Saint Augustine ein. Alles war vorbereitet, und alles lief schief. Er erwischte in der Finsternis die falsche Frau. Statt der eingeweihten, ganz einverstandenen sexy Schwester, griff er nach der Äbtissin, die sich schrill und keifend wehrte, bis Burton den Irrtum bemerkte und verschreckt die «hässliche Last» losließ. Noch in den Morgenstunden machte er sich aus dem Staub.

Auch ich bin um Mitternacht da. Nur der Mond ist derselbe, genau, wie Burton ihn beschrieb. Aber auf keine roten Lippen leuchtet er jetzt, nur auf eine stille, unheimlich stille Ruine, das Kloster. Und kein herbes, lustloses Weib vertreibt mich, nur das böse Knurren streunender Hunde.

Am nächsten Nachmittag raus aus Goa, Richtung Süden. Auch um dem wartenden Bohsle nicht in die Arme zu laufen. In der Zeitung steht, dass Tage zuvor zum ersten Mal der «Bullet Train» ausprobiert wurde. Schnell wie eine Pistolenkugel soll er sein. Nun, der Eisenbahn-Minister übertreibt wieder. Aber auf eine Höchstgeschwindigkeit von 150 Kilometer pro Stunde kam der Zug. Und dabei soll es bleiben. Wenn nicht wieder eine Kuh im falschen Augenblick die Gleise überquert. Voll Bewunderung verweist die Presse auf die Schnellbahn, die Siemens zwischen dem Flughafen und dem Zentrum von Schanghai verlegt hat. So schnell wollen sie auch werden. Das könnte noch etwas dauern. Im dritten Jahr des dritten Jahrtausends schaffen indische Züge in sechzig Minuten durchschnittlich 37,8 Kilometer. Diese Zahl gibt immer wieder Anlass zu bissigsten Kommentaren. Ein Journalist fordert Wettrennen zwischen indischen Lokomotiven und Schildkröten. Elefanten vor die Züge spannen, auch darüber sollte nachgedacht werden.

Die Feiertage sind noch immer nicht vorbei, noch immer ist jeder Quadratzentimeter Sitzfläche ausverkauft. Busse aber haben Plätze frei, da dreimal teurer. Einer der Gründe, warum man durch dieses Land reist, ist wohl der, dass Indien den Fremden immer wieder hereinlegt, im Sinne von: überrascht, Haken schlägt, genau das Gegenteil von dem aufführt, was man fürchtet. Ich fürchte eine weitere gräuliche Nachtfahrt und werde an allen Ecken und Enden verwöhnt. Der vife Beifahrer als Smooth operator, der das Gepäck in einem trockenen, blitzblanken Kofferraum verstaut. Die auf den Sekundenschlag pünktliche Abfahrt. Und eine Liebesgabe des Himmels: Kein Fernseher weit und breit, dafür hängt die «Mutter Gottes» mit blutendem Herzen über der Windschutzscheibe. Eine Jungfrau wird uns beschützen, auch das ist eine Erfahrung.

Sinnigerweise hat der Fahrer noch das Bild vom elefantenköpfigen Ganesha dazugestellt, einem der Lieblingsgötter hierzulande. Die Märchenerzähler wissen, dass das Götterpaar Shiva und Parvati einem Elefantenpärchen beim Lieben zusah und beschloss, es den zwei Dickhäutern gleichzutun. So wohnten die beiden einander in der «Elefantenstellung» bei, was dem Sohnemann logischerweise einen Elefantenkopf bescherte. Mit Ganesha gehen wir auf Nummer sicher, der kleine Dicke mit der rosigen Haut gilt als «Entferner von Schwierigkeiten» und «Schutzpatron der Lernenden».

Nachtlektüre. Da wir nach kurzer Zeit Goa verlassen und den Bundesstaat Karnataka betreten, lese ich über den «Mann der Stunde», den «Terrorking», den «Newsmaker of the Year». Hier und im Nachbarstaat Tamil Nadu wirtschaftet K. M. Veerappan, der ausnahmsweise nicht zu Al-Quaida gehört und trotzdem panische Ängste verbreitet. Der 56-Jährige pirscht mit seiner Horde Killer durch die Wälder und hat sich in den letzten zwanzig Jahren darauf spezialisiert, Polizisten und Sandelholzbäume umzuhacken. Sandelholz ist ein kostbares Gut, Medikamente und Kosmetika werden daraus hergestellt. Veerappan schmuggelt die Ware. Wer sich ihm in den Weg stellt, hat kaum noch Zeit, es zu bereuen. Inzwischen pflastern 138 Leichen seinen Pfad, und der Sachschaden beläuft sich auf zwei Milliarden Rupien.

Die indische Presse im Jagdfieber. Fünf Seiten lang ist der Bericht, in dem von den (erneuten) Bemühungen der Regierung berichtet wird, den Blutrünstling mit Hilfe von dreitausend Soldaten, unterstützt von Helikoptern und einer Belohnung von fünfzig Millionen Rupien, zur Strecke zu bringen. Hinterher frage ich meinen Sitznachbarn, was er von der Geschichte hält. Und Dawaram, eher unleidlich: «It's all ministers' play.» Eine typische Antwort. Inder glauben ihren Politikern nicht. Subtext der knappen Antwort: Die Minister haben ihre korrupten Finger im Spiel. Manche treiben Handel mit dem Wüstling, schmuggeln mit, kassieren mit, informieren den Massenmörder rechtzeitig über jeden Feldzug gegen ihn.

Morgens um fünf Uhr in Mangalore. Großer Hafen, eine halbe Million Einwohner, keine Schönheit. Dafür finde ich einen lächelnden Rezeptionisten, der mich in ein tadelloses Bett schickt, ich darf schlafen. Praktisch: Wer ein Zimmer mietet, bekommt es volle vierundzwanzig Stunden lang.

Beim späten Frühstück treffe ich Cary, eine Engländerin. Ich bewundere immer Frauen, die allein unterwegs sind. Sie müssen mit Zumutungen umgehen, von denen reisende Männer verschont bleiben. Umso mehr Zumutungen, je mehr Männer näher kommen, denen der lässige Umgang mit Frauen nicht geheuer ist. Aber die Ex-Beamtin spricht eine Erkenntnis aus, die sofort verrät, dass sie etwas von diesem Land verstanden hat: Ja, die Augenblicke kommen, in denen man Indien die Pest an den Hals wünscht und man schreiend aus einem Land rennen will, das niedergestreckt scheint von allen sieben Todsünden der Menschheit. Aber diese Augenblicke vergehen, die Liebe kehrt zurück und das Verlangen, ihm nah zu sein. Um eben die Widersprüche mitzubekommen, die einem auf keinem anderen Erdteil geschenkt werden.

Cary erwähnt auch die Ermüdungserscheinungen, die auftreten, wenn jeder fragt: «What's your name?» und «Where you from?» und «Do you like India?». Nicht oft wird daraus ein Gespräch, nur immer drei einfache Fragen und drei einfache Antworten.

Die Lady spricht die reine Wahrheit. Aber dieses artige Blabla ist nicht auf Indien beschränkt. Die Anfälle von Mattigkeit erfolgen weltweit. Eine rasante Unterhaltung, in der zwei reden und gegenreden, entsteht nur dann, wenn beide eine gemeinsame «Weltkultur» im Kopf haben. Wenn beide vom Lebensraum des anderen wissen: Politik, Literatur, Wirtschaft, Kunst, Klatsch, Gerüchte, Halbwahrheiten, Mutmaßungen, Ängste, was immer. Aber der Stoff muss zuerst im Kopf sein, damit man sich gegenseitig anfeuern kann. Klaus Kinski hat das mit dem einfachen Wort «mindfuck» beschrieben: Zwei Hirne vögeln miteinander, leidenschaftlich greifen sie einander ab, haben Freude an jeder Berührung des andern, gehen reicher auseinander.

Cary gehört zu den starken Frauen. Vor Monaten hat sie ihren Job gekündigt. Ein Jahr will sie jetzt herumziehen. Sie braucht diese Zeit, um später davon zehren zu können. Denn hinterher droht ihr «lebenslänglich». So nennt sie die Aussicht, den Rest des Lebens ein stumpfsinniges Büro aufsuchen und eine stumpfsinnige Tätigkeit ausüben zu müssen. Vielleicht auch nicht, vielleicht wird Indien ihre Pläne sabotieren, wird sie lehren, dass noch andere Alternative als hartnäckiger Stumpfsinn auf jene warten, die Hinweise zu deuten wagen. Zum Abschied schenke ich Cary einen Satz von Goethe: «Ich kenne einen Engländer, der hängte sich auf, um sich nicht jeden Tag den Schlips neu binden zu müssen.»

Wandern durch Mangalore. Zwei kleine Begegnungen, die wieder zum Bewundern aufrufen. Ich sehe ein pfeilförmiges Schild, auf dem «Heat 2003» steht. Hitze 2003? Ich frage einige Passanten, die alle die Schultern zucken. Aber zwei kommen vorbei, die haben Erbarmen mit mir. Sie zögern, sprechen miteinander, zeigen mehrmals auf die Schrift, dann steht fest: Ein Druckfehler liegt vor, Heat muss Hat heißen, daraus folgt glasklar: Der Hut des Jahres, sozusagen die letzte Hutmode. Und der Pfeil? Nichts einleuchtender als das: Er zeigt den Weg zur Boutique, wo man sie kaufen kann.

Der Laden kommt nie, natürlich nie, dafür kommt eine Baustelle. Fünf Straßenarbeiter, einer mit dem Presslufthammer zwischen den Händen. Alles banal, nur der sechste Mann lehrt den Betrachter etwas über das Land: Er schläft tief. In einem Schubkarren, direkt neben dem ratternden Hammer. Früher habe ich beim Anblick solcher Zustände wie ein Neuling reagiert: Armer Arbeiter, nirgends ein ruhiges Plätzchen zum Ausruhen. Heute schaue ich mit Neid zu. So ein Tiefschlaf-Gen, Resistenz bis zu 120 Dezibel, das hätte ich auch gern. Nicht er leidet, sondern ich, der Schlaflose.

Zum Bahnhof. Jetzt gibt es wieder Tickets. Damit wir alle problemlos ankommen, hängen drei identische Plakate aus. Man sieht Fotos, die deutlich machen, was daruntersteht: «Nehmen Sie keine Getränke von Mitreisenden an. Auch keine Kekse, Bananen und Medikamente. Drogen könnten beigemischt sein. Sobald Sie bewusstlos sind, verschwinden die Straftäter mit Ihrem Gepäck. Achtung auch vor Leuten, die auf den Kofferablagen sitzen und Zeitung lesen. Hinter der Zeitung öffnen sie Ihr Eigentum mit falschen Schlüsseln und stehlen Ihre Wertsachen.» Die gefährdetsten von uns scheinen die Eitlen, für sie steht geschrieben: «Keinesfalls sicher ist es, auf einem Fensterplatz zu reisen und Schmuckstücke zu tragen.» Im Laufschritt kämen Spitzbuben vorbei und rissen an den Colliers.

Daneben die Poster einer Eisenbahner-Gewerkschaft. Wogegen sie protestiert, trägt auch nichts zum inneren Frieden der Passagiere bei: Die massive Entlassung von «patrolmen», jener Arbeiter, die nachts die Gleise entlanggehen und nach Kühen, Terroristen und Selbstmordkandidaten Ausschau halten. Sagenhafte einskommasechs Millionen Männer und Frauen stehen auf der Gehaltsliste von Indian Railways. Der Betrieb wirft Profit ab, keinen stürmischen, aber immerhin. Damit er steigt, wird gefeuert. Das macht Indiens Schienen nicht sicherer.

Um 17.50 Uhr ruckt die Diesellok, es geht weiter Richtung Süden. Große Züge haben zehn Klassen, unterteilt in drei Hauptkategorien, kompliziert, aber für hiesige Verhältnisse ausgesprochen übersichtlich. Ich reise im «Sleeper», einfachste zweite Klasse: schmuddelig, billig, meist voll, meist mit einer Hand voll Inder besetzt, die englisch sprechen. Das ist wichtig, um keine Story zu versäumen.

Gandhi wurde einmal gefragt, warum er die dritte Klasse benutze. Der schlagfertige Alte wusste es genau: «Weil es eine vierte nicht gibt.» Es gab sie, aber vor seiner Zeit. Harte Prüfungen warteten dort, eine davon: Die nicht vorhandenen Toiletten. Wer sich bis zum nächsten Stop nicht zurückhalten konnte, der lehnte seinen Hintern zum Fenster hinaus. Später wurden zwölf Zentimeter winzige Löcher installiert. Ein

Ingenieur kommentierte damals (1891) sarkastisch: «Die Größe der Öffnung entspricht genau jenem Betrag, den seine Benutzer für eine Fahrkarte bezahlt haben.»

Es dauerte Jahrzehnte, bis sich die «despicable castes», die verabscheuungswürdigen Kasten, das Recht erworben hatten, überhaupt in Zügen zu reisen. Vorher war das nur möglich, wenn ein eigener Waggon für sie zur Verfügung stand, Typ rollender Stall.

Ich bin schlagartig ein glücklicher Mensch. Sechs Menschen treffen sich zum ersten Mal und einer tut dem andern gut. Bonbons werden ausgepackt, man bekommt Bananen geschenkt (das Risiko einer Ohnmacht auf sich nehmend, da vielleicht Gift beigemischt wurde!), Nüsse und Chips machen die Runde. Die Kunst des Reisens, das wäre die Kunst, den anderen zu verführen. Zum Freundlichsein. Auf dass er für kurze Zeit mein Freund wird, sein Wissen ausbreitet, meine Einsamkeit aufhebt. Dass wir gemeinsam das «ii kimochi» – so nennen es die Geishas in Japan – herstellen, das gute Gefühl: Wärme.

Wir hören uns gerne zu, einer meiner Vorschläge allerdings kommt nie an. Mit bedächtiger Ruhe laden die fünf nach dem Picknick den Abfall in ihrem Land ab. Mitten durchs Fenster. Will ich aus Liebe zu Indien eingreifen, schauen sie mich verdutzt an: «Why not?» Den Reflex, die Welt und die Umwelt zu schonen, über den verfügen sie nicht. Noch keine dreimal habe ich einen Inder beim Aufsuchen eines Mülleimers ertappt. (Den es nicht gibt.)

Auf eine geheimnisvolle Weise bringt Zugfahren das Glückshormon Endorphin zum Sprudeln. Das gleichmäßige Tuckern, der einlullende Rhythmus, das immer wiederkehrende Geräusch beim Fahren über eine Weiche. Kein hektisches Bremsen, kein Lospreschen, kein Kurzatmen vor jedem Überholmanöver. Der Herzschlag verlangsamt sich, wie beim Murmeln eines Mantras. Sehen die Augen dann noch auf Kerala – wie Goa eine Schönheitskönigin –, wird der Betrachter still und mit allen Sinnen sein unverschämtes Glück genießen: Die Abendsonne über dem Fluss, der Mann und seine Kuh beim Baden, der Schrankenwärter und seine Laterne, die Farben am Himmel, der stille Moslem vor seiner Moschee, der selige Hindu in seinem Tempelchen, der Glanz der untergehenden Strahlen über den Reisfeldern. In diesen Augenblicken wird Indien wieder Weltmeister, zeigt es sein glorreichstes Gesicht, jenes der Großzügigkeit, der Größe, der Lässigkeit. Bedenkt man, dass dieses Land ein Drittel mehr Einwohner als ganz Afrika hat, dann begreift man wieder, wie souverän es – trotz allem – mit seinen Problemen umgeht. Wie eine magische Kraft waltet und verhindert, dass seine Einwohner von einem Völkermord in den nächsten taumeln. China, der Gigant im Norden, funktioniert auch. Mit Hilfe eines kolossalen Überwachungsapparats. Dort regiert die Angst. In Indien das Chaos, jene ewige Wahrheit, dass die andere Hälfte des Lebens die Unordnung ist.

Wieder kommt eine kleine Bettlerin und verteilt Zettel. Diesmal erfährt der Leser, dass der Vater in einem Steinbruch umkam, der Onkel in einen Mähdrescher geriet, der Bruder verschwunden ist und die Mutter mit einem Krebsbein («leg of cancer») im Krankenhaus liegt. Diese DIN-A6-großen Zettel stammen sicher aus der immer selben Druckerei, beliefert von einem Heer emsiger Werbetexter. Denn die Kurzgeschichten sind grundsätzlich neu. Bestimmte Regeln herrschen jedoch: Mindestens vier Tote und Verletzte müssen auftreten. Es müssen schauerliche Tode sein und schauerliche Krankheiten. Grippe, Husten, Kopfweh, sie zählen nicht. Nicht alle dürfen tot sein, mindestens eine Person – meist eine Frau, das rührt mehr – muss das Familientrauma überstanden haben. Die Arme liegt irgendwo fern in einem

Bett, während die Tochter durch die Gegend tingelt und die Rupien eintreibt. Ich zahle grundsätzlich, auch wenn ich kein Wort glaube. Aber das Aufschreiben einer so vertrackten Story verdient, belohnt zu werden.

In die Nacht hinausschauen, das Gesicht in den warmen Fahrtwind halten. Irgendwann muss ich grinsen. Meine Freunde in Europa fallen mir ein. Sobald ich die Reise nach Indien erwähnte, trat der Name des Landes eine Lawine von eigenartigen Sehnsüchten los: Eine Schlangenhaut solle ich mitbringen. Ein Paar Waisen – Patenkinder wohlhabender Weißer – in Kalkutta stellvertretend umarmen. Ein Bananenkompott-Rezept aus dem tiefsten Süden anschleppen. Den Totenschädel einer Kobra rausschmuggeln. Hätte ich Sibirien als Ziel genannt, ich wäre als freier Mann davon.

Um 22.30 Uhr steige ich in Badagara aus, einer Kleinstadt, fünfzig Kilometer nördlich von Calicut. Jenem Ort, an dem Vasco da Gama Ende des fünfzehnten Jahrhunderts anlandete. Aber viel Aufregenderes wartet, als nach den Spuren toter Konquistatoren zu fahnden. Seit Jahren will ich hierher.

Kerala ist nicht nur schön, sondern eine schöne Kluge. In diesem Bundesstaat gibt es die wenigsten Analphabeten, die wenigsten Arbeitslosen. Kaum sieht mich der Stationsvorsteher den Zug verlassen, kommt er auf mich zu und verkündet, dass ich «ab sofort unter seinem persönlichen Schutz stehe». Wir haben uns nie gesehen, was die Herzlichkeit der Geste nur bestärkt. Schon kommt der erste Rikscha-Fahrer gelaufen und wird von meinem neuen Beschützer streng angewiesen, mich ohne den geringsten Umweg ins Century Hotel zu bringen. Und barsch hinterher: «For ten rupies, only!»

Mister Koose hat gut gewählt, ich beziehe eine ordentliche

Bude mit Wasser und Ventilator. Wenn ich die Balkontür öffne, höre ich das Pfeifen der Lokomotive. Sterne blinken. Es gibt ein Glück, das erträgt man nur unbeweglich. Wie eine Welle schwappt es durch den Körper.

Am nächsten Morgen nehme ich ein Taxi zum Siddha Samaj Ashram, drei Kilometer außerhalb von Badagara. Vor Jahren traf ich einen indischen Geschäftsmann, der mir von diesem Ort erzählte. Er hatte hier gelebt. Seitdem phantasiere ich davon: 1921 wurde das spirituelle Zentrum von einem ehemaligen Polizeioffizier gegründet. Der Beamte hatte erkannt, dass es dringlichere Aufgaben gab, als im Dienste britischer Kolonialherren das eigene Volk zu schikanieren.

Das so überwältigend andere hier: Die über hundertfünfzig Frauen und Männer meditieren nackt. Schlafen nackt. Nebeneinander und, wenn beide es wünschen, miteinander. Promiskuität ist Pflicht. Sex ist kein Tabu. Liebe schon. Liebe im Sinne von «mein» und «dein» und alle Ewigkeit. Niemand gehört niemandem. Kinder erfahren nie, wer ihre Eltern sind. Dass Brüder und Schwestern, Mütter und Söhne, Töchter und Väter sich aneinander schmiegen, auch das kommt vor. Jedes Neugeborene wird akzeptiert, jeder ist für jeden verantwortlich, Abtreibung bleibt ein Fremdwort: «Life is sacred.»

Der revolutionäre Hintergedanke von Swami Sivananda Paramahansa, dem Ex-Constable und Initiator: Nackte fremde Haut und Beischlaf mit nackter fremder Haut sollen entmystifiziert werden. Der «Glamour» soll weg, der «Hirnsex» verschwinden. Ein erotisch erfüllter Mensch meditiert besser, kommt – nicht von pausenlosen Fieberträumen drangsaliert – schneller zu Gott.

Die zweite List liegt ganz in der Tradition des Hinduismus: Beziehungen und sozialer Status schaffen «Identitäten», sprich, große oder größere Egos, das gemeinste Hindernis auf dem Weg zur Erleuchtung: jener Freiheit vom Habenwollen, dem Verlangen, sich als «selbst» und «ich» zu definieren. Mit einem leichten Lächeln auf den Lippen berichtete mir damals Mister Smaran, der Geschäftsmann, von westlichen Besuchern, die tatsächlich glaubten, Siddha Samaj wäre der rechte Ort, sich beschaulich ins Nirvana zu vögeln. Ist er nicht. Es gibt einen Eintrittspreis, nein, gleich mehrere Gebühren müssen entrichtet werden: Alles Hab und Gut muss vorher einer anderen Person oder dem Ashram überschrieben werden. Plus: Lossagung von allen Beziehungen zur Außenwelt. Zudem wird ein polizeiliches Führungszeugnis verlangt, welches bestätigt, dass kein Krimineller hier Unterschlupf sucht. Zuletzt fragen sie nach einem medizinischen Attest, das einen gesunden Körper beglaubigt.

Jede dieser Bedingungen ließe sich mit Geschick fingieren. Nicht aber die fünfte: Bevor der Neue den hermetisch abgeriegelten Meditationstempel – den Tempel der Einkehr und Sinnlichkeit – betreten darf, muss er eine harsche Probezeit überstehen. Und erst, wenn die Ältesten der Meinung sind, dass der Proband es todernst mit seinem spirituellen Wachstum meint, erst dann wird Eintritt gewährt. Das kann Monate, ja Jahre dauern.

Schon ein erhebendes Gefühl, wenn man endlich dort ankommt, wo man bisher nur virtuell, nur in seinem Kopf, unterwegs war. Das Tor zum Ashram steht offen, Kokosnuss-Blätter liegen zum Trocknen aus, links und rechts einfache, weiß gestrichene Häuser, im Hintergrund der «Samadhi», jener Rundbau, in dem die Asche des Gründers aufbewahrt wird. Sanftheit liegt in der Luft, Stille. Ich sehe ein paar Männer und Frauen, die herüberlächeln und sich nicht stören lassen. Die Frauen tragen eine Art Toga, die Männer nur einen Schurz um die Lenden. Braune nackte Torsi, wohl genährt, langes Haar, langer Bart, schwarz oder grau oder weiß.

Sofort fällt die Grazie auf, mit der sie sich bewegen. Sie scheinen völlig einverstanden mit ihrem Körper, sie unternehmen nichts, um ihn «vorteilhafter» zu präsentieren.

Pandharinath stellt sich vor, er ist der einzige, der englisch spricht. Der 71-Jährige hat die Augen eines Heiligen, die nächsten zwei Tage wird er mein Sokrates. Er nimmt mich bei der Hand und führt mich in einen Raum mit Tischen und Bänken. Ein Fremder wird zuallererst bewirtet. Nach fünf Minuten liegt ein Bananenblatt vor mir, mit Reis und Gemüse, dazu ein Glas Buttermilch, daneben ein süßer Saft, er fördere «inner peace». Eine Katze kommt, ohne Scheu springt sie auf meinen Schoß.

Mit unheimlicher Konzentration hört mein Gastgeber zu, redet, scheint absolut «da». Er gehört zu den «Initiierten», ist aber nur «Student», kein Vollmitglied. Noch hänge er zu sehr an der Welt. Auch sei er zu schwach für die Anforderungen. Als junger Mann kam er mit Asthmaanfällen in ein Krankenhaus und wurde nach dreizehn (!) Jahren als unheilbar entlassen. Er erfährt von Siddha Samaj, nimmt den weiten Weg von Mumbai auf sich und ist nach einer Woche gesund. Seither kam nie wieder eine Attacke. Dreißig Jahre reist er nun durch Indien, wandert, nimmt den Zug, besucht seine Freunde, die ihn aufnehmen und dafür in die Lehre von Swami Sivananda eingewiesen werden.

Vor Ort bewohnt Pandharinath ein leeres Zimmer. Neben der Schlafmatte liegen seine Besitztümer: Zwei Tücher zum Wechseln der Wäsche, eine Taschenlampe als Wegweiser auf finsteren Straßen, ein Stift, ein paar Rupienscheine als Gabe von Fremden für seine nächste Zugfahrt. Als ich ihn frage, ob er glücklich sei, antwortet Sokrates: «Double happy.» Wieso gleich doppelt? «Weil du da bist.» In Indien spüre ich oft diese bedenkenlose Liebe von alten Männern, denen kein Hintergedanke, keine Finte mehr im Weg steht.

Wir gehen über das Gelände, Pandharinath zeigt auf ein hinter Mauern gelegenes Gebäude, dort leben die hundertfünfzig. Finanziert wird der Ashram durch Spenden und selbst hergestellte ayurvedische Medizin. Wir besuchen die Werkstätten, gehen vorbei an dicken Bottichen und dicken Männern, alle scheinen mit unfassbarer Nonchalance bei der Sache zu sein. Sie versprechen ausdrücklich keinen schnellen Erfolg bei Einnahme der Medikamente. Wer nach dem Einverständnis mit seinem Leib suche, der müsse sich Zeit geben.

Im Büro kann man sich die «Rules of Conduct» besorgen, ein Heft mit dreißig Regeln, auszugsweise: Jedes Haar wachsen lassen, kein Lebewesen verletzen, Widerstand gegen das Kastensystem üben, sich einen Schild des Mutes und ein Schwert der Geduld schmieden, an keinem Skandal teilhaben. Sex? Aber ja, mit jedem, der diesen Ansprüchen folgt.

So viel Sex, bis jedem die Lust vergeht. Pandharinath erklärt: Ziel sei das Abschaffen von Sexualität. (Ein sehr indisches Ziel!) Aber eben nicht durch Diabolisierung, sondern durch Ausleben und die Aussicht, dass jenseits von Eros – das wäre die Sublimierung – etwas wartet, was den Verlust um ein Vielfaches kompensiert. Sex als Vorstufe, als Tor, das durchschritten werden muss, um diesen Zustand zu erreichen. Meditation zu barbarischen Zeiten soll dabei helfen. Acht Stunden täglich, auf vier Abschnitte verteilt, von drei Uhr morgens an.

Am nächsten Tag, spätnachmittags, warte ich in meinem Hotelzimmer auf Swami Balakrishnan. Wie mein Sokrates ist er Schüler, lebt noch in der Welt, gehört nicht zu den hundertfünfzig. Er kommt, um mich zu initiieren, er weiß den genauen Ritus. Damit auch ich, unabhängig und frei, ein Mitglied des Ashrams werde. Ganz sauber sind meine Motive nicht. Ich habe kein Talent für spirituelle Abenteuer, ich glaube nicht den alten und nicht den uralten Wahrheiten. Die Suche nach Gott scheint nicht sehr viel versprechend. Ich schiele nicht nach dem Himmel, ich blicke stur Richtung Erde.

Aber ich will das Ritual, mag den Hokuspokus solcher Szenen. Außerdem schwafeln sie hier nicht vom lieben oder bösen Gott. Dafür predigen sie das Vertrauen auf die eigene Erfahrung, die eigene Verantwortung, lehnen jede offizielle Religion ab. Sehr buddhistisch, sehr menschennah. Die Grundidee heißt «Jeeva», die durch den Leib strömende Lebenskraft. Sie gilt es zu fördern, zu disziplinieren. Damit sie im Körper bleibt und nicht in sinnlosem Aktionismus verpufft. Eine Atemtechnik soll dabei helfen.

Kurz vor sechs klopft es. Vier Stunden war der Swami unterwegs, per Fahrrad, per Bus vom fernen Dorf, wo er als Volksschullehrer unterrichtet. Schon berührend seine Bereitschaft, all die Mühsal auf sich zu nehmen, um mit einem Wildfremden eine Erfahrung zu teilen. Wir räumen Tisch und Stuhl zur Seite, eine Decke kommt auf den Boden, Kerzen werden angezündet. Der Swami reicht mir einen Lunghi, ich soll alles ausziehen und nur das Tuch tragen.

Von den nächsten fünfundvierzig Minuten werden mir – abgesehen von den komplizierten Regeln zur Atembeherrschung – die Augenblicke der Schönheit in Erinnerung bleiben. Ich ahne nicht einmal Erlösung und Erleuchtung. Aber von der Schönheit weiß ich, dass sie seit langem meine Lebensfreude anspornt. Durch die Balkontür fallen die letzten roten Strahlen auf das schwarze Haar des 56-Jährigen, sein fein geschnittenes Gesicht, die besonnenen Augen. Wie immer in bewegenden Situationen fotografiere ich dieses Bild in meinem Kopf. Ich werde es später immer dann hervorziehen, wenn Zeiten kommen, in denen die Liebe weniger verschwenderisch auftritt.

Hinterher fahren wir gemeinsam in den Ashram. Pandharinath begrüßt mich sogleich, er scheint so froh. Als wüsste er mich jetzt in Sicherheit. Wie zur Belohnung führt er mich an die Rückwand des Gebäudes, in dem die hundertfünfzig «inmates» versammelt sind. Ein Fenster ist offen, aus acht Meter Entfernung hört man ein undefinierbares Jaulen, wie jaulende Tiere, dann Stille, dann wieder Jaulen. Ich gäbe einiges, um jetzt mittendrin zu sein. Doch Monate oder Jahre der Probezeit? Der Preis scheint zu hoch. Auch will ich Sex nicht abschaffen, ich will ihn lobpreisen. Aber jeden Tag – vor dem Abschaffen – in der Nähe von fünfundsiebzig Frauen liegen zu dürfen, das ist ein verwirrender Gedanke.

Spätabends begleiten mich die beiden Swamis die dunkle Straße hinunter. Bis eine Rikscha vorbeikommt und ich voller Dankbarkeit Abschied nehme.

Morgens zurück nach Mangalore. Nicht ohne einen Blick auf den blitzsauberen Bahnhof von Mister Koose zu werfen, der mich persönlich zu meinem Platz begleitet. Stolz weist er auf einen Aushang, der jedem «obszöne Sprache» untersagt. Bei Zuwiderhandeln: sechs lange Monate hinter Gitter.

Vier leichte Stunden Zugfahren. Einer bringt den «happy-new-year-coffee», mein Sitznachbar erzählt, dass er als Chauffeur bei einer deutschen Firma in Delhi arbeitete und nun seine Rente beziehe. Nun endlich Zeit sei, sich um sein Gebiss zu kümmern. Er zieht die Lippen auseinander, unübersehbar: Die obere Reihe tadellos, auf die untere muss er noch sparen, da stehen bis auf weiteres sechseinhalb Ruinen. Ein Junge verkauft Zeitungen, erfreut nimmt man zur Kenntnis, dass der einzige Henker im Land von Arbeitslosigkeit bedroht ist. Obwohl die Todesstrafe in Indien existiert, wurde der letzte Mörder vor zwölf Jahren gehängt. «Hangman» Mallick hat an den Gefängnis-Minister geschrieben und lässt fragen, ob Arbeit anstünde, da ja vor kurzem Terroristen zum Tode verurteilt wurden, und wie es mit seiner Pension aussähe.

Bei Ankunft warten zweihundert Männer auf mich. Vielleicht dreihundert. Da es unendlich viele Inder gibt, gibt es unendlich viele indische Rikschafahrer. Sie rangeln um mich, ich genieße das. Nicht jeden Tag meines Lebens fordern so viele so stürmisch meine Anwesenheit. Muthiah schiebt mich zuletzt als Trophäe auf die Rückbank und schleppt mich ab zum «modern-super-de-luxe-luxurious» Hotel Sheshamal. Es kostet 150 Rupien und ist weder modern noch super-de-luxe-luxuriös, es ist genau richtig. Denn bei drei Euro pro Nacht kann man davon ausgehen, dass keine Fernseher in den Zimmern stehen und somit niemand nachts wachliegen muss, weil stundenlange Schusswechsel aus den benachbarten Zimmern knallen. Nur viel Geld oder schiere Geldnot garantieren Stille.

Eineinhalb Tage schreiben und lesen, das Hirn entschlacken, die Vergangenheit verkraften, die Zukunft vorbereiten. Irgendwann höre ich von der Hauptstraße ein gewaltiges Getöse hochsteigen. Eine Hochzeitskarawane zieht vorbei, der Bräutigam zu Pferd, umgeben von einem Orchester energisch blasender Trompeter. Welche Fähigkeit zum Vergessen müssen sie besitzen, um mitten im Mangalore-Nachmittagsverkehr, mitten in Schwaden von Gas und Gift, den «schönsten Tag des Lebens» zu feiern.

Am Bahnhof wartet eine Überraschung. Von Mangalore Richtung Osten, Richtung Bangalore, gibt es keine Zugverbindung. Obwohl seit Jahren an der Neuverlegung von (breiteren) Schienen gearbeitet wird. Mein Erstaunen verrät meine Naivität. Ich suche ein Busunternehmen und frage tölpelhaft, warum dieser Streckenabschnitt noch immer nicht funktioniert. Zwei schweigen, zwei grinsen. Bis mich ein Kunde zur Seite nimmt und aufklärt: Die Lastwagen-Lobby und die Busfahrer-Mafia zahlen regelmäßig an die Entscheidungsträger. Damit die neuen Gleise nicht zu schnell auftauchen. Denn kommt der Zug, gehen die Geschäfte zurück.

Jetzt kapiere ich auch den Rest der Kabale: Natürlich wird die Strecke irgendwann eröffnet; dann wohl, wenn der Bankdirektor seine Klienten – die Politiker – informiert, dass ihre Konten wegen Überfüllung gesperrt werden müssen. Das ist der Zeitpunkt, an dem der Aufschrei der Öffentlichkeit – und die indische Öffentlichkeit lässt sich viel zumuten, bevor sie aufschreit – nicht mehr zu beschwichtigen sein wird. Dann fährt der Zug.

So besteige ich um 22 Uhr einen Bus. Mit Kopfweh und Schweißausbrüchen. Eine Grippe. Aber nicht ungut, es gibt ein Kranksein, das trägt zur seelischen Friedfertigkeit bei. Nichts leistet mehr Widerstand, man ist einverstanden. Für eine kurze Nacht bin ich erleuchtet, ich nehme die Welt hin, wie sie ist. Umso lieber, als ich schräg vor mir in der Dunkelheit der Nacht eine Frau beobachte, die dem Mann neben ihr mit der Hand durchs Haar fährt. Das ist eine ungewöhnliche Geste in Indien, wo öffentliche Zärtlichkeiten tabu sind. Auch unter Verheirateten. Wie eine solche Bewegung, eher keusch als leidenschaftlich, plötzlich an Sinnlichkeit gewinnt. Weil sie so selten auftaucht, so verschwiegen daherkommt.

Bangalore ist ein Schlund, sechs oder sieben Millionen bewohnen ihn. In den frühen sechziger Jahren fing er an zu platzen. Die Regierung hatte beschlossen, die Forschungszentren für Militär und Telekommunikation hierher zu verlegen, später zogen die Computer-Freaks ein, B@ngalore fing an. Heute zählt der Süden des Landes zu den größten Software-Exporteuren der Welt.

Oft sehen Bahnhöfe in Indien aus wie die Städte, zu denen sie gehören. In der hiesigen «City Station» streunen keine

Kühe, auch keine zweieinhalbbeinigen Hunde, hier blitzt es, hier steht ein «Internet-Center», hier erwartet ein Empfangskomitee die Teilnehmer des neunzigsten «Indian Science Congress», hier ist der Ticketverkauf voll computerisiert, hier werden am Schalter 14 «Freedom fighters and foreign tourists» bevorzugt behandelt.

Das ist nicht unwitzig. Denn oft waren es die Vorväter der Touristen – viele Engländer stehen an –, die den indischen Freiheitskämpfern die Freiheit versagten, sie ausgiebig demütigten und bei Bedarf fünf oder zehn Jahre lang in Zuchthäusern zwischenlagerten. Aber so sind die Einwohner dieses Landes: Sie verzeihen, sie vergessen, sie tragen nichts nach.

Der Grund meines Besuchs in dieser Stadt ist ein Romantiker, ein Liebender. Jemand, über den Hollywood einen Film drehen würde, wenn es von ihm wüsste. Ich erfuhr von Mukund Muniyappa durch einen Zeitschriftenartikel: Bei einem Verkehrsunfall verlor der Mann seine 23-jährige Frau Gouramma. Das muss eine Amour fou gewesen sein. Der Witwer dachte, er würde wahnsinnig werden, fände er nicht einen außergewöhnlichen Weg, ihrer zu gedenken. Zufällig zeigte ihm sein Freund ein Foto des Taj Mahal in Agra, das ein ebenfalls todtrauriger Mann hatte errichten lassen. Auch aus Gram über den Verlust einer Frau.

Das war die Antwort. Ließ der Moslem Shah Jahan zwanzigtausend Arbeiter über zwanzig Jahre lang antreten, so schuftete Mukund, der Hindu – nicht Fürst, nur Ingenieur –, mit dem Freund und einem Maurer, um nach zwei Jahren sein eigenes Mahal, seinen eigenen Palast fertig zu stellen. Kein Marmor glänzt, kein Wasserweg führt zum Eingang, keinem Handwerker wurden hinterher die Hände weggesägt, um zu verhindern, dass er sein Können an einem anderen Kunstwerk ausprobiert.

Ich muss lange suchen, die Angaben in dem Bericht sind nicht präzise. Von einem Vorort ist die Rede, aber Bangalore hat viele Vororte. Doch ein Mann mit so eindeutigen Gefühlen ist die Suche wert. Am Nachmittag stehe ich vor den vier weißen, acht Meter hohen Türmen, sehe durch das verschlossene Tor den Sarkophag von Gouramma, an der Wand ihr Bild. Keine Besucherströme drängeln, das hundertfünfzig Quadratmeter große Mausoleum versteckt sich hinter Büschen und verwitterten Grabsteinen, eine Kuh sonnt sich, ein Alter führt seine zwei Ziegen an der Leine vorbei, der Friedhofswärter zeigt verschlafen Richtung Wohnhaus des Bauherrn.

Wieder Irrwege, aber irgendwann weiß ein Nachbar die genaue Adresse. Mukund ist heute vierundfünfzig, stämmig und scheu, er braucht ein wenig Zeit, um zu begreifen, dass ein Wildfremder daherkommt, um ihn über die Liebe zu seiner toten Frau auszufragen. Ein einfacher Mensch, man stellt erleichtert fest, dass er sich noch nicht an Interviews gewöhnt hat. Er redet wenig, redet manchmal nichts, steht nur da, sagt einmal: «Wie immer das Wetter ist, jeden Morgen muss ich ans Grab von Gouramma gehen und um ihren Segen bitten. Ohne das will ich den Tag nicht beginnen.» Als ich den Grund dieser Liebe wissen will, breche ich die Frage mittendrin ab. Sie könnte ihn verletzen, außerdem ist sie schwachsinnig. Mukund sagt ruhig: «I loved her.»

Bangalore franst aus. Als Passagier eines Stadtbusses, eingemacht von anderen Passagieren, gepolstert von Hintern und Bäuchen, fällt einem die Absurdität der Welt ein. Wir alle rühren uns nicht vom Fleck, auch nicht der Bus. Wir alle sind Gefangene, alle zehn Minuten bekommen wir zehn Meter Freiheit, kriechen vorwärts.

Wer es als Fußgänger mit dieser Stadt aufnimmt, dem landet alle drei Sekunden ein Tomahawk zwischen den Schulterblättern: Eine von zweihundert Millionen gnadenlos schriller Mopedhupen im Land will den Unbewaffneten vor seinem Ende warnen. Wer hier unverwundet in die Nähe seines Betts gelangt, dem ist ein weiterer Tag gelungen.

Alles anders. Ich bin Europäer, eben Weichling und zahnloses Muttersöhnchen. Die Einsicht überkommt mich, als ich an einer Kreuzung der Avenue Road stehe und Asiaten zuschaue, wie sie den Abgrund meistern. Sie greinen nicht, sie gehen mitten hinein. Bildbeschreibung: Chaos, keine Ampel, kein Polizist, dafür Hunde, Rikschas, Autos, Motorräder, Katzen, Radfahrer, Ochsengespanne, Passanten, Lastwagen, Handkarren, Krüppel, Busse, drei Esel, ein Reiter, sie alle – Hunderte pro Minute – müssen aneinander vorbei, von Nord nach Süden, von Ost nach West. Alle zoomen aufeinander los, und – jetzt das asiatische Mysterium – das Knäuel entwirrt sich wieder, sie wuseln, schwenken seitwärts, stoßen nach, bremsen, geben Gas, fahren einen Meter in die entgegengesetzte Richtung, schlagen blitzschnell einen Haken, manövrieren in die für Sekundenbruchteile freie Bresche, entkommen dem Sog.

Dieses Gen, das Chaos-Gen, das haben sie von Geburt an. Jeder rechnet mit allem, nur nicht mit Regeln und Logik. Jeder Augenblick ist neu, alle zwanzig Zentimeter muss jeder jedem ausweichen. Und wäre es dem Auspuff, der plötzlich den Weg versperrt, verloren von einem, der nun – mitten im Knäuel – stehen bleibt, um ihn wieder einzusammeln. Selten, dass einer dem andern böse ist. Weil ja keiner irgendeine Vorschrift missachtet. Und wem böse sein, bei wem sich beschweren?

Vielleicht sind Regeln für Inder deshalb so schwer zu befolgen: Er versteht sie nicht. Weil er in seinem täglichen Leben erfahren hat, dass Chaos umgeht und nie ein Regelwerk die Zustände bestimmt. Ob es sich um den Strom handelt, der

kommt oder nicht kommt, um den Verkehr, um den Götter-
himmel, um die Machenschaften der eigenen Regierung:
«All the same!»
Es wird noch besser: Zwei Ausländer nähern sich dem Abgrund, bleiben am Kreuzungsrand stehen, schreien sich gegenseitig an. Sie entwerfen wohl einen Schlachtplan, um ans
andere Ufer zu gelangen. Ein Blick auf ihre eckigen, ruckar-
tigen Bewegungen verrät sie sofort als Landesfremde. Der
Kontrast zur Eleganz der Einheimischen ist beträchtlich. Der
indische Fußgänger geht einfach rein ins Knäuel und reagiert auf das, was gerade anfällt. Die äußerste Mühe, zu der
er sich überreden könnte, wäre – aber nur im Notfall, wenn
tatsächlich eine abgefahrene Ferse droht – ein leichter Hüp-
fer nach vorn. Mehr nicht.
Auch wahr: Platzt das Chaos, kracht es dann doch, so scheinen Inder weniger begabt für entsprechende Reaktionen.
Jetzt wäre kalte Ratio hilfreich. Die Medien berichten heute
von einem weiteren Zugunglück, achtzehn Tote und einund-
sechzig Verletzte. Ein «Auffahrunfall», ein Express donnerte
in einen Güterwagen, der auf dem falschen Gleis stand. Ausnahmsweise werden diesmal keine «Terroristen» verdächtigt,
sondern ein verschlafener Weichensteller. Die herbeigeeilte
Presse nennt die Rettungsmaßnahmen «abysmal», unsäglich.
As ususal. Ich liebe Indien, aber in einem gequetschten Waggon möchte ich in diesem Land morgens um halb zwei nicht
aufwachen.
Inder auch nicht. Mit schöner Boshaftigkeit veröffentlichen
die Zeitungen bei solchen Gelegenheiten Kommentare der
Leser. Einer schlägt spezielle «Selbstmordzüge» vor, um es
Lebensmüden leichter zu machen, sich umzubringen. Warum nicht Freikarten an Politiker auf besonders berüchtigten
Strecken verteilen? Ein Dritter empfiehlt den Verkauf von
exklusiven «Erste-Hilfe-Koffern» an die Passagiere, unerläss-

lich: ein Schweißbrenner, eine Axt, eine Trillerpfeife, zwei Leuchtraketen.

Die Abende verbringe ich auf der Mahatma Gandhi Road, dem «shopping center» von Bangalore. Denn hier stehen auch die besten Kaffeehäuser und Buchhandlungen. Und hier dreht Mister Kumar seine Runden, er verkauft «pest repeller», einen Pest-Verscheucher. Wie umsichtig, auf diesem Erdteil muss man so einiges verscheuchen.

Bald begegne ich einem Bild, das ich schon oft sah und noch immer nicht verstanden habe: Mutter und Tochter verlassen eine Boutique. Die Tochter als minderjährige Göttin, die Mutter eine in Fett und Sülze gebackene Matrone. Wäre es nicht gegen jede Völkerverständigung, ich würde hingehen und fragen: «Sagen Sie, Ex-Schöne» – die Matrone steht ja unter dem Verdacht, vor fünfzehn Jahren ähnlich göttergleich ausgesehen zu haben –, «warum geben Sie ein solches Geheimnis auf, einen solchen Zauber?»

Die Hälfte aller indischen Frauen in den großen Städten ist, laut offiziellen Zahlen, übergewichtig. Wie sich Zeiten ändern. Galt das Land einst als Heimstatt aller Spindeldürren, so haben jetzt die Voluminösen die Führung übernommen. Warum lassen sich so viele von ihnen – sie gehören ja zu den Schönsten im Universum – so gehen? (Hiesige Männer verformen sich auch. Aber Frauen sind nun mal die schöneren Menschen. Deshalb sieht der Verlust ihrer Schönheit dramatischer aus.) Warum? Ist es der westliche Lebensstil, das Leben in der Nähe der Tiefkühltruhe, das Festsitzen vor den Abgründen eines hundertspurigen TV-Programms, das insgeheime Wissen, dass keine weiteren Überraschungen mehr anstehen? Oder ist es die baldige Erkenntnis, dass der geehelichte Märchenprinz kein Märchenleben verschafft, sich somit jede weitere Aufrechterhaltung der Pracht erübrigt? «A thing of beauty», schrieb Keats, «is a joy forever.» Ein schöner falscher Satz. Nehmen wir den: «Beauty's hard work.» Der stammt von Coco Chanel, und der stimmt.

Vielleicht taugt noch eine Erklärung. Aus den (wenigen) gewagteren Umfragen lässt sich herauslesen, dass die in allen Bevölkerungsschichten obwaltende erotische Ignoranz nicht dazu angetan ist, die Thermometer der Wollust bersten zu lassen, wenn in indischen Schlafzimmern die Lichter ausgehen. In drei Worten: Die Frau verkümmert. Fälle von Gattinnen, zu Tode gebracht von einem Übermaß lauthals bejubelter Orgasmen, solche Fälle sind unbekannt.

Mögliche Konklusion, sie stammt von einem indischen Freund, der lange im Westen lebte: Frauen legen zu, um sich den Gemahl fern zu halten. Die Speckschwarten sollen sagen: «Schau, ich bin hässlich, überhaupt nicht mehr begehrenswert.» So sind sie dick und werden in Ruhe gelassen. Das Geschäft des Kindergebärens – und was für gut aussehende Kinder sie gebären – haben sie pflichtgemäß und zur Freude der Verwandtschaft erledigt. Jetzt hat ihr Körper keinen Anlass mehr, als Sexobjekt für tapsige Männer zu funktionieren. Sie geben ihn auf.

Kontinent der Widersprüche. Eine Rikscha bringt mich zurück zum Hotel, und der Mann will das Doppelte des üblichen Preises. Das ist umso dreister, als deutlich auf dem schwarzen Blech steht: «Wenn der Fahrer zu viel fordert, wenden Sie sich an die nächste Polizeistation.» Mit Telefonnummer. Das beeindruckt den Dünnen überhaupt nicht, unaufgeregt und würdig sagt er, die rechte Hand zum Mund führend: «Guter Mann, ich muss essen.» Das ist ein Argument, ich verstumme.

Als ich die Treppen zur Pension hochsteige, sehe ich das Schild eines Ladens daneben, hier schmieden sie «collapsible gates». Mit dem Gedanken, welcher Art Tore das sein könnten – «zusammenbrechbare?» – schlafe ich ein und wache morgens wieder damit auf. Dann erklärt mir der Chef der Werkstatt: Collapsible im Sinne von zusammenfaltbar. Zusammenfaltbare Tore? Geheimnisumwittertes Indien.

Ein paar Häuser weiter steht über einem Brillenladen, dass die Augen von «latest Rodenstock German Eye» getestet werden. Das ist ein klarer Satz, dankbar nimmt man ihn zur Kenntnis.

Jeden Reporter plagt die Angst, dass er keine Storys findet. «Reportare», so die ursprüngliche lateinische Bedeutung des Wortes, bedeutet «zurücktragen». Was trage ich zurück nach Hause? In Indien ist diese Angst überflüssig. Die Geschichten liegen auf der Straße, wörtlich. Ich wandere durch Bangalore und komme mitten in der Stadt an riesigen Postern vorbei. Der «Country Club» annonciert seine «Arabischen Nächte im Palastgarten», daneben die Einladung zur landesweit «größten Schmuckausstellung», ein drittes preist «Asiens gigantischsten Vergnügungspark». Die Ironie: Zwischen den Plakatwänden sind schmale Schlitze freigelassen. Wer genau hinschaut und näher kommt, entdeckt hinter den Schlitzen einen Verhau aus Sackleinen, Blechresten und Plastikbahnen. Ich schlüpfe hindurch und bin in der «snake charmers' colony». Zwei Dutzend Kinder rennen auf mich zu und schreien nach Rupien.

Nur Moslems leben hier, nur drei Schritte hinter den Aufrufen zu einem luxuriösen Leben. Aber von den Behausungen der Schlangenbeschwörer zu den Arabischen Nächten ist es weit. Hundert mal hundert Meter reiner Slum, ohne Wasser, ohne Strom. Die kleine Famina führt mich zum «Snake Baba», er ist der einzige, der ein wenig Englisch spricht. Wie selbstverständlich bittet er mich in sein Zelt und holt sein Werkzeug hervor: eine Klapperschlange und eine Python, harmlos faule Tiere, die er mir zum Streicheln in den Schoß legt. Baba hat Charme, er kramt in der Schuhschachtel mit Fotos, die ihn als Berater bei Filmaufnahmen zeigen. Baba mit Hauptdarsteller, Baba mit Regisseur.

Beim Giftzähnereißen war er nicht immer erfolgreich, dreimal hat es ihn erwischt. Ohne Folgen, denn der vierfache Familienvater besitzt den «wonder stone», flach und hell glänzend: Sofort nach dem Biss den Wunderstein auf die infizierte Hautstelle legen. Minuten später verlässt das vergiftete Blut den Körper, «just like that».

Baba empfängt gern Leute, in Plastik eingebunden liegen die «visiting cards» zur Ansicht. Die aufregendste hinterließ «my friend in Germany». Ein toller Freund, mit Neid liest man: «Karl Rein / globetrotter – adventurer – digger». Kein schüchterner Freund: Weltreisender, Abenteurer, Goldgräber. Freilich, Gold hat «Charly» nicht dagelassen, nur die drei Gramm Pappdeckel. Seit siebzehn Jahren vegetiert der Snake Baba hier, seit siebzehn Jahren will er raus.

Am nächsten Morgen poltert es um 4.58 Uhr an meiner Tür, meine zweiten vierundzwanzig Stunden sind abgelaufen. Jetzt müsse ich ausrücken oder nachzahlen. Bisweilen bestechen Inder durch eine Pünktlichkeit, die erstaunt. Ich strecke den Kopf hinaus und sage, dass ich gleich komme. Ich komme zwei Stunden später, und niemand verlangt eine Rupie Nachzahlung. Jetzt gilt gerade wieder die Unpünktlichkeit. Soll keiner sagen, er kenne sich aus in diesem Land.

Zum Bahnhof. Ein Alter kauert auf den Stufen der Brücke, die zu den verschiedenen Zügen führt. Das ist eine ausgezeichnete Gelegenheit, um schlechtes Karma gut zu machen. Ich helfe ihm hoch, stütze ihn, schleppe ihn zu seinem Zug, suche einen Platz und rede der Jugend zu, achtsam mit dem Greis umzugehen. Als ich wieder auf dem Bahnsteig stehe, weiß ich plötzlich, was das war: Ein Reflex aus Kindertagen, aus Pfadfindertagen. Keiner über sechzig war vor uns sicher, jeder verdiente eine gute Tat.

Indien braucht Pfadfinder, kein Zweifel. Neben dem Büro der «Railway Protection Force» hängt ein Schaukasten mit Fotos von gesuchten «Schurken», eine ganze Schurkengalerie. Angezogen oder in Badehose. Es fällt auf, dass Schurkenleiber wie Leiber von Kegelbrüdern aussehen. Nicht um einen Muskel besser präpariert für das Verbrecherleben. Unter den Bäuchen steht: «Achtung vor Kofferdieben, Taschendieben und Bomben!» Aus den Lautsprechern tönt es streng im Fünf-Minuten-Rhythmus: «Schwarzfahren ist ein gesellschaftliches Übel!» Indien hält einen auf Trab.

Um 13.45 Uhr fährt der Zug nach Chennai (vormals Madras) ein. Mein Fensterplatz ist gesichert, mit kindischer Freude richte ich mich ein. Die nächsten Aufregungen warten, man braucht nicht darauf zu hoffen, man weiß es. Martin Walser verglich den Abenteuer-Quotienten in Deutschland mit dem, der bei der AOK herrscht. In Indien wäre ihm das nicht eingefallen, hier hätte er immer sein Herz schlagen hören.

Die fliegenden Händler übernehmen, ein Mann packt die neuesten Pistolen aus, sie schießen nicht, sie blinken bei jedem Knall. Mädchen verkaufen Blumen, Jungen grüne Gummisoldaten, die «ouch, ouch» quäken, wenn sie umfallen. Batterien von guten Geistern bieten «chai» (Tee), «goffi, goffi» (Kaffee) und Eukalyptusöl für «Bleifüße, Krämpfe und Verstauchungen» an. Hare-Krishna-Anhänger haben ihre ambulante Buchhandlung mitgebracht, einer streckt mir die Bhagavatgita entgegen, ich sage: «Der glückliche Krishna, vierzigtausend Freundinnen hatte er.» Und der Verkäufer: «Da irrst du, er hatte sechzigtausend Freudinnen.»

Bettler bilden die Nachhut. Irgendwann meint mein Nachbar Mister Choudhury – Filialleiter einer Bank in Goa –, er wisse Bescheid. Die meisten der Bettelbrüder lebten in untadeligen («impeccable») Verhältnissen: «Mit allen notwendigen Einrichtungen.» Das ist wunderbar komisch, denn im selben Augenblick kriecht einer mit leeren Augen vorbei, das Gesicht vernarbt, sieben von zehn Fingern weggefressen von Lepra.

Die Bevölkerungsdichte schwillt, wer jetzt zu Fuß unterwegs ist, muss weit ausschreiten. Um den Schläfern und Kartenspielern auf dem Mittelgang nicht zu nahe zu treten. Wer an eine Exkursion zur Toilette denkt, sollte es sich nochmals überlegen. Seiner Nase zuliebe. Ansonsten könnte er es machen wie ich. Seit Jahren weiß ich ein Medikament, das Darm und Blase über Stunden beruhigt. So lange beschwichtigt, bis eine Örtlichkeit auftaucht, die weniger zudringlich die Sinne überfällt.

Eine moslemische Großfamilie zieht ein. Wahrscheinlich Erdnuss-Großhändler, denn die Säcke kommen gleich mit. Das schafft ein paar Minuten lang eine ungute Spannung, denn jeder Mensch und jeder Sack ist eine Zumutung. Aber das indische Genie greift ein, die Erdnüsse kommen unter die Sitze, auf die Gepäckablage, zwischen unsere Knie. Das ist praktisch, sie dienen oft als Beinablage und zweimal als Gebetsschemel, um in Richtung Mekka zu flüstern.

Noch einer steigt zu, er ist mein Mann: Arun, Leser, Denker, im «IT-Business» tätig, arbeitet für eine französische Firma in Warschau und besucht augenblicklich seine Eltern. Aus seiner Jackentasche lugt Patricia Highsmiths «Strangers on a train». Das Buch endet mit zwei Leichen, unsere Begegnung mit einer Freundschaft. Wie stolz der 29-Jährige auf seine Herkunft ist. Er spricht vom «Süd-Nord-Gefälle» in seinem Land: Hier würde der Süden sich entwickeln. Der bringe das

Geld in die Staatskassen, der zeige den verschlafenen Nord-
lichtern, wo die Intelligenteren zu Hause sind.

Als wir in Chennai ankommen und Abschied nehmen, weiß
ich wieder, wonach sich ein Reisender bisweilen sehnt: nach
einem «companion», einem Begleiter. Don Quijote hatte seinen Sancho Pansa und Graham Greene seine Tante. Auch
ich bräuchte jemanden. Jemanden, der gedankenvoll und
scharfzüngig jede Einsicht mit einer weiteren Einsicht bereichert. Einen, der es zuweilen übernimmt, dem andern die
Welt zu erklären. Einen, der auf Gedankenfaulheit spuckt
und nicht müde wird, nach den Zeichen der Schönheit Ausschau zu halten.

Chennai ist die Hauptstadt von Tamil Nadu und das
viertgrößte Monster von Indien. Es gibt keine Zahlen, es gibt
nur Schätzungen. Zuletzt wurden mehr als sechs Millionen
Einwohner geschätzt. Ein paar von ihnen werde ich begegnen. Die einen werden mich beschenken, die andern erleichtern. Aber jeder wird mich etwas lehren.

Ich fahre zur Egmore Station. Dass sie im Süden Indiens
mehr Geld machen, hat auch damit zu tun, dass sie rabiater
hinter ihm her sind. Am rabiatesten die Riksscha-Fahrer. Sie
schalten den Taxameter nicht ein oder schalten ihn ein, weil
sie ihn längst frisiert haben. Oder sie zischen mit dem Wech-
selgeld davon. Sie haben immer Recht, denn stündlich müssen sie Wolkengebirge von Kohlenmonoxid inhalieren, keine
Geldkiste der Welt ersetzt ihnen die ramponierte Lunge.

Im «Vegetarian Restaurant» des Bahnhofs treffe ich Pradeesh,
Amerikaner, 37 Jahre, Hare-Krishna-Jünger und mit frivol-
trockenem Witz begabt. Seit einem Jahrzehnt ist er «Brahma-
chari», unberührbarer Junggeselle. Somit verbrachte er viele
einsame Nächte, um über den höheren Sinn der Keuschheit
nachzudenken: «Schau, wenn du Sex ausstrahlst, ziehst du

die Leute an, sie folgen dir. Stell dir vor, du gehst mit deiner Freundin auf einen Berggipfel und vögelst dort. Du glaubst nicht, wie viele es dir am nächsten Tag nachmachen wollen. Sex creates sex. Anders bei mir, ich bin sexlos, kein Mensch zerrt mehr an mir, ich habe Shanti, ewigen Frieden.»

Aus dem Amerikaner wurde ein Inder. Eine halbe Stunde später spreche ich bei P. C. Ramasamy vor, dem Station Master. Sein Türwächter lässt mich sogleich ein, der Chef hantiert gerade mit vier Telefonen, lächelnd bietet er einen Stuhl an. Er schafft das alles, denn neben ihm steht ein Mann, dessen Beruf «Telefonhörer-Weiterreicher» heißen könnte. Er hebt ab und reicht weiter. Tee kommt, der Adlatus zieht sich zurück, ebenso das Klingeln der Telefone, Ruhe bricht aus, der Boss sagt: «Ich will meinen Job aufgeben und sitzen.» Sitzen im Sinne von still sitzen und meditieren. Das überrascht, denn der Boss hat einen guten Job: Ein ordentliches Einkommen, ein sauberes Büro, zwei gute Geister, eine Klimaanlage. Pradeesh und Ramasamy wollen dasselbe, es liegt tief verwurzelt in der Tradition des Landes: Aus der Welt verschwinden, der Welt der Umtriebe und Leidenschaften. Dafür in die Wälder flüchten, in die Grotten des Himalaya, an die Ufer des Ganges. Der 53-Jährige zitiert lässig Longfellow: «What is life full of care / if there is no time to stand and stare.» Das ist nicht nobelpreisverdächtig, aber die Botschaft ist unüberhörbar: Innehalten und schauen. So bescheiden träumen amerikanische Romantiker und ein indischer Stationsvorsteher.

Als Junge wollte Ramasamy in die Welt hinaus, deshalb ging er zu Indian Railways. Denn Lokomotivführer sein riecht nach Ferne, nach Starksein, nach Muskeln und Verantwortung. Daraus wurde nichts, seine Frau ließ ihn nicht davon, so landete er am Schreibtisch. (Ob sie ihn nach der Rente auslässt, in die Wälder? Der Ehemann: «You never know.»)

Heute umzingelt die Welt seinen Arbeitsplatz. Vor den Toren seines Bahnhofs spielt sich ein Phänomen ab, das seit der Geburtsstunde des unabhängigen Indiens die Großstädte überwuchert. «Encroachment» nennen es die Zeitungen, «Vordringen». Die elendsten Figuren ziehen in die großen Städte, nageln ihre zerschlissenen Zeltplanen zusammen und vegetieren ab sofort mitten im Zentrum. Eher absurd, denn die Stadtverwaltung baut Häuser für die Habenichtse. Keine Bungalows mit Swimmingpool, aber oft mit Wasseranschluss und Stromzufuhr. Der Haken: Sie liegen weitab, ohne Infrastruktur, ohne Möglichkeit, zu betteln, zu klauen, zu überleben.

Nächste Stufe der Absurdität: Die neuen Mieter untervermieten, kommen zurück und «dringen vor». Schon wieder. Jetzt beginnt ein Kriminalstück mit vielen Opfern und einer langen Riege Krimineller. Die City-Bewohner beschweren sich bei der Polizei über den Niedergang ihrer Nachbarschaft. Die Polizei will anrücken und die Eindringlinge verscheuchen. Erfolglos, denn nun greift ein Politiker ein und pfeift das Kommando zurück: «Die Leute bleiben!» Kein Menschenfreund wirft sich hier vor die Exekutive, eher ein Schlitzohr, das einen (stillschweigenden) Vertrag mit den Slumbewohnern hat. Sie sind seine «votebank», sie werden für ihn bei der nächsten Wahl stimmen. Dafür lässt er ab und zu ein paar Scheine springen, ansonsten sorgen «Slumlords» und «Musclemen» dafür, dass alles seinen unrechtmäßigen Weg geht. Ach ja, ein gewisser Betrag wird im Polizeipräsidium hinterlegt. «Verstehen Sie jetzt», fragt Ramasamy, der Eisenbahner und Liebhaber englischer Poesie, «warum ich auf und davon will?»

Spätabends, wenn der Boss längst wieder bei seiner Frau angetreten ist, schleiche ich über den Bahnhof. Noch immer belebt. Die Schläfer, denen ein faltbarer Karton als Bett genügt. Die Somnambulen, die schlaflos auf und ab gehen. Die Moonshine-Talker, die nicht schlafen wollen und bei Vollmond die letzten Fragen der Menschheit in Angriff nehmen. Und die Kinder, die durch die abgestellten Züge ziehen und unter den Bänken der leeren, nachtdunklen Abteile nach etwas suchen, was ihr Leben für den kommenden Tag sichern könnte. Ich leuchte auf ein Plakat neben der Toilette, die Gewerkschaft der Unberührbaren («scheduled castes») ruft zu einem Protestmarsch auf: «Mit deiner mammuthaften Unterstützung werden wir die Welt aus den Angeln heben.» Das werden sie nicht, aber dieser Satz – so muskulös und heldenhaft formuliert – wird sie eine Zeit lang trösten über den Zustand ihrer Welt.

Wieder bei Ramasamy. Er ist ein rührender Chef und legt Wert auf einen gepflegten Bahnhof. Trotz der Fluchtgedanken, die ihn plagen. Um zehn Uhr am nächsten Morgen trifft A.K. Moorthy, einer der beiden Eisenbahnminister, auf Plattform Number One ein. Der Springbrunnen wird eingeschaltet, die nächste Kuh hält einen Mindestabstand von fünfzig Metern, kein Bettler kommt in die Quere, die Leibwächter beziehen grimmig Stellung, und die zahlreich vertretene Presse stürmt auf einen frisch geföhnten Herrn zu.

Der Schönfrisierte zieht nun an einem Vorhang, der den Blick auf eine imposante Plakette freigibt, auf der geschrieben steht, dass Mister Moorthy heute die «Upper Class Waiting Hall» eröffnet.

Mein wunderbares Indien. Kein neuer Westflügel wird eingeweiht, nein, ein Zimmerlein für die Erste-Klasse-Gäste, fünf mal acht Meter, mit frisch getünchten Wänden, ein paar Eisenstühlen, Holzbänken und nagelneu surrenden Ventilatoren. Der Minister ruckelt an den Möbeln und gibt fachmännisch Ratschläge: «Hier fester schrauben!» oder «Scharniere der Toilettentüren nachölen!» Anschließend Eintrag ins goldene Besucherbuch und Pressekonferenz. Einer der Journalisten versteigt sich zu der Frage: «Was ist geplant, damit es so sauber bleibt?» Der Satz wird überhört, dafür überbringt Moorthy die Grüße der Regierung, die ausrichten lässt, dass die Unfallquote der Indian Railways rückläufig sei: «In fünf, sechs Jahren können Eisenbahn-Minister ruhig schlafen. Dank einer neuen ‹Anti-Zusammenstoß-Vorrichtung›.» Das ist ein beunruhigender Gruß. Er sagt nichts anderes, als dass wir Passagiere die nächsten fünf, sechs Jahre eher unruhig in indischen Zügen schlafen werden.

Wandern durch Chennai. Hier gibt es eine Reihe von Leu-ten, die man in Amerika «con artists» nennen würde, artistisch begabte Kanaillen, auf Deutsch: «Bauernfänger». Heute bin ich der Tölpel, und Sulil fängt mich ein. Er macht das so: Kaum sieht er mich auf der anderen Straßenseite, kommt er eiligen Schritts auf mich zu. Er lächelt dabei. Er weiß, dass er ausgezeichnet Englisch spricht, und er weiß, dass eine solche Fähigkeit dem weißen Mann gefällt. Sie erleichtert das Leben enorm. Außerdem sähe ich aus wie ein «adventurer», wie einer eben, der herumkommt und sich auskennt. (Hinterher werden wir beide wissen, dass ich mich nicht auskenne.) Sulil stellt sich als Tamile aus Sri Lanka vor, natürlich wisse ich, so schmeichelt er, was mit seinem Volk geschehen sei: Massakriert, vergewaltigt oder vertrieben von den Singhalesen, der Mehrheit auf Sri Lanka, die von einem Tamil-Staat auf der Insel nichts wissen will. Um die Hälfte sei seine Familie bereits dezimiert, der andere Teil sieche dahin in einem Flüchtlingslager in Madurai, im Süden Indiens. Gerissener Sulil, alle Eckdaten stimmen, auch Madurai, das als Zentrum tamilischer Flüchtlinge bekannt ist. Jetzt kommt sein Trick, sein Märchen, das harmonisch ins Blutbad passt: Er habe das Lager verlassen, um Arbeit zu finden. Er hasse es, andere um etwas zu bitten, betteln fände er unter seiner Würde, es mache ihn fertig. Aber morgen sei sein wichtigster Tag, er könne die Stelle eines «security guard» bei einer Bank antreten. «The only fucking problem»: die Uniform müsse er selber zahlen. Hätte er die Uniform, hätte er den Job.

Sulil muss Staatsschauspieler in Jaffna gewesen sein. Er beherrscht diesen teuflisch scheinheiligen Ton, der den weißen Mann mit einem Zentner Schuldgefühlen heimsucht. Ihm den Seelenfrieden der nächsten sieben Nächte rauben würde, sollte er, der Schuldbeladene, jetzt nicht nach der Börse greifen und die Scheine für die Uniform rausholen. Und ich Bauer zahle.

Drei Stunden später ist die Welt wieder in Ordnung, es gibt einen Gott, es gibt Gerechtigkeit. Wieder lauert mir einer auf, diesmal «Jimmy», auch er aus Sri Lanka, auch er Mitglied der Sri-Lanka-Mafia. Ungeniert betet er die gleiche Story runter, dieselben Worte, derselbe Sound. Diesmal übernehme ich den Part des Schlitzohrs und höre zunächst ergriffen zu, als Jimmy seine hingemordete Familie erwähnt, den Rest der Verwandtschaft, die in Madurai darbt, und endlich auf den Job verweist, der morgen zu haben wäre, wenn er nur die dreitausend verdammten Rupien hätte, die er umgehend als «Vermittlungsgebühr» zurückzahlen müsse.

Ich bin überzeugt, dass zwei so dramatische Lügengeschichten eine dritte verdienen. Ich steuere sie bei und erzähle Jimmy, dass sein Anliegen wie gerufen kommt. Denn ich bin Mitglied einer NGO, die sich «Money for Sri Lanka» nennt. Heute Abend um 19 Uhr postieren sich zwei Mitarbeiter und ich vor dem Haupteingang der Egmore Station und verteilen je dreitausend Rupien an die ersten zehn Bittsteller aus seinem Land. Nach dem Prinzip «first come, first served». Wichtig also, sich so früh wie möglich anzustellen.

Jimmy nickt dankbar. Er hätte zwar das Bündel lieber gleich jetzt, aber er versteht, dass Spendengelder ordnungsgemäß abgerechnet werden müssen. Voller Freude gehen wir auseinander, einander dankbar «see you soon» nachrufend. Leichten Herzens mache ich mich davon, ich bin gerächt.

Chennais Lärmpegel und Vergiftungspotenzial zwingen zur Suche nach Freiräumen. Frei von Tomahawks und Schluchten voller Gas. Neben dem Taj Connemara, dem elegantesten Hotel in der Stadt, gibt es einen Buchladen, der den einzigen Namen trägt, den er verdient: «Giggles», Gekicher. Eine Mutprobe für Leute, die an Klaustrophobie leiden. Ich bin mutig und will hinein. Geht nicht, denn ein Kunde hält bereits die vorhandene Fläche besetzt. Erst als er durch eine dreißig Zentimeter enge Schleuse – begrenzt von je vier hintereinander aufgestapelten Bücherwänden – den Laden verlassen hat, ist der Weg frei. Das Unfassbare: Besitzerin Nalini Chettur weiß den Standort jeden Buches. Jetzt kommt der Augenblick, in dem das Gekicher nicht mehr zu unterdrücken ist. Denn nun gilt es, sich zur Ware durchzuschlagen. Liegt der fragliche Titel in Türnähe, so bleibt sie offen, damit der Hintern des suchenden, nach vorne gebeugten Liebhabers Platz findet und nicht auf die gegenüberliegenden Bücher – auf der anderen Seite der Schleuse – drückt. Der Gipfel: Hier finde ich eine Ausgabe, die ich seit drei Wochen suche.

Die Glückssträhne reißt nicht ab. Auf der anderen Straßenseite findet die jährliche «Bookfair» statt. Im Süden, sagen sie stolz, lesen sie mehr. Das wäre ein weiterer Grund für das Intelligenzgefälle, das Richtung Norden abnimmt. Zwei dreihundert Meter lange Schlangen – «Gents' queue» und «Ladies' queue» – stehen vor den Kassen. Ich gehe auf die Schönste unter den ersten fünf zu und bitte sie, mir eine Eintrittskarte zu besorgen. Und sie lächelt und streckt mir nach einer Minute das Ticket hin. Indische Frauen schauen nicht ungern auf Männer aus fernen Ländern. Sehr scheu, aber sie schauen. Als wir zu flirten beginnen – sagen wir: als ich zu flirten beginne –, sehe ich aus den Augenwinkeln einen dicken Menschen auf uns zukommen. Die dicke Mutter. Liebenswürdig, aber bestimmt entfernt sie ihre Tochter von mir. Um mit Sharadha eine Nacht verbringen zu können, so steht zu vermuten, müsste ich vorher die gesamte Familie heiraten. Ein hoher Preis.

Auf dem Stand der Oxford University Press begegne ich Mister Subumanian. Eine Wiedergutmachung, ein wahnsinnig lustiger Mensch, nein, ein wahnsinniger und lustiger Mensch. Je einen Packen neu erworbener Bücher trägt er unter den Armbeugen. Der Lehrer glaubt an nichts als an das eine Leben, das er mit sechs Stunden täglicher Lektüre hinter sich bringt. Er verleiht keine Bücher, weil seine Zeitgenossen nicht wüssten, wie viel Liebe dem gedruckten Papier zusteht. Und er borgt sich kein Buch, weil er links und rechts der Zeilen seine Duftmarken hinterlässt, seine Freudenschreie und Wutanfälle hineinkritzelt. Er liest, weil ihm die anderen «mit ihrem Geschwätz Lebensmut und Zeit rauben». Das Dasein auf Erden wäre dafür zu kurz, er will wissensdurstig sterben und unter einem Berg von Büchern begraben werden.

Der Tag geht heiter zu Ende. Bettlektüre. Heiter, trotz der Nachricht von einem Zugunglück. Nur ein «minor accident», nur Entgleisung und Verletzte. Diesmal war das kalte Wetter im Bundesstaat Assam schuld, das die Risse in den Schienen verursachte. Das Heitere steht neben dem Foto mit den umgefallenen Waggons. Hier werden Fragen von «The Doc» beantwortet. Ein frisch an Varikozele (Krampfadernbruch im linken Hoden) Operierter schreibt von seinen Schmerzen nach der wöchentlich einmal stattfindenden Masturbation, zuletzt: «Bitte führen Sie mich bei diesem Problem in die angemessene Richtung!» Der Onkel Doktor führt in zwei angemessene Richtungen, empfiehlt zuerst: «Regelmäßige Einnahme der Ayurveda-Medizin Brudhi Badhika Bati», und dann: «Erst weitermasturbieren, wenn die Kur abgeschlossen ist!»

Von Chennai geht es nach Süden. An der Wand des Zugabteils sieht man zwei gefaltete Hände, darunter steht: «Thank you». Die Indian Railways bedanken sich bei den Passagieren, dass sie sich für die Eisenbahn entschieden haben. Ein Witzbold hat daneben gepinselt, nicht weit von dem rostigen, wichtigsten Hebel im Abteil entfernt: «Notbremse nicht zu früh ziehen!» Und in der nächsten Zeile: «Wir garantieren für keinerlei Unfälle – Die Direktion».

Balzac schrieb einmal über Paris, dass keiner diese Stadt kenne, der nicht zwischen Mitternacht und zwei Uhr morgens sein «murmure», sein Murmeln und Flüstern, gehört hat, nichts wisse von dessen Poesie und Geheimnis. So hat von Indien keiner etwas begriffen, der nicht an einem strahlenden Tag neben einem Zugfenster saß und hinaussah auf das Land. Die Reisfelder, die Weizenfelder, die Stille der Bäume, das Mädchen, das mit einer Blume in der rechten Hand einen einsamen Pfad entlanggeht, die blauen Eichelhäher, die auf Telegraphenmasten hocken. Wer das mitansehen darf, den beschleicht ein nicht geheueres Glücksgefühl. Nicht allein die Schönheit des Bildes ist es, es ist auch das Gefühl von maßlosem Frieden, von Leichtigkeit, von Einverstandensein.

Unerklärlicherweise fällt mir Martin Bangemann ein, der Ex-Wirtschaftsminister, der Mann mit dem Charme einer ausgefransten Breitcordhose. Ich muss grinsen, die Erinnerung an ihn wird mich nie ganz verlassen, verdanke ich ihm doch eine andere tiefe Einsicht. Wieder sehe ich ihn vor mir in der Tageschau, wieder höre ich ihn mit Inbrunst dem deutschen Volk zurufen: «Wir brauchen mehr Wachstum, mehr Wachstum, mehr Wachstum.» Sein Dreifachkinn wabbelte, und ich hörte mich laut fragen: «Mensch, Bangemann, wohin willst du wachsen? Noch eine Fettschicht, noch ein Kinn?» Heute, auf dem Weg nach Pondicherry, denke ich, wäre eine mögliche Erklärung für das Unglück eines Mannes, der nie den Kragen voll kriegen konnte: Er saß nie in einem indischen Zug und blickte nie hinaus auf Indien.

Gespräch mit dem schmucken Swarup, der ein beneidenswert gut geschnittenes Hemd trägt. Der 30-Jährige arbeitet im Verteidigungsministerium, ich frage ihn, ob er nicht ein oder zwei Geheimnisse abtreten könne. Das könne er nicht, aber er wiederhole gerne, was jeder weiß: Dass die «Unruhen» in Kaschmir, der «low intensity war» gegen die islamistische Infiltrierung aus Pakistan, den indischen Staat täglich ein Vermögen kostet. Damit Kaschmir und seine Hauptstadt Srinagar in Indien bleiben und nicht vom verhassten Nachbarn konfisziert werden. Swarup zieht einen Zeitungsartikel aus der Tasche, einen von vielen, die von den Gräueltaten moslemischer Fundamentalisten berichten (über jene der indischen Armee wird beharrlich geschwiegen): Barbaren exekutierten nachts drei Kinder, drei Brüder, sieben, acht, zehn Jahre alt. Swarup zeigt auf die Stelle, wo der schwer verletzte Vater im Krankenhaus zu Protokoll gibt: «Ich bat die Eindringlinge, meine Kinder zu schonen, denn sie hätten noch nichts von der Welt gesehen.» Was für ein wunderbarer, wunderbar menschlicher Gedanke: Allein schon deshalb ein Recht auf Leben zu haben, um die Welt bestaunen zu können.

Drei Stunden später Ankunft in Villupuram, dann die letzten Kilometer mit dem Bus, dem «Tom Cruise Transport»-

Unternehmen. Der Fahrer setzt neue Rekorde, seine Hupe könnte eine Springflut aufhalten. So lernt man, dass es verschiedene Wege gibt, sich von der Gnade des Hörens zu befreien. Es wie Pete Townshend anstellen und bei den Who die Gitarre schlagen. Oder hinter einem taubstummen Busfahrer sitzen und mit ihm den Subkontinent besichtigen. Wer schneller das Ziel meeresstiller Einsamkeit erreicht, bleibt offen. Fest steht, Pete ist schon angekommen. Seit Jahren läutet das Telefon neben ihm, und seit Jahren hört er es nicht mehr.

In Pondicherry bin ich unachtsam. Am Bahnhof bietet mir ein Rikschafahrer seine Dienste an, er bekniet mich regelrecht. Aber der Alte hat keinen Motor in seinem Vehikel, er tritt mit dünnen Waden in die Pedale. Augenblicklich kann ich keinem zuschauen, der sich schindet. Meine Reaktion schmeichelt mir, ich denke, ich bin ein feiner Kerl. Ich übergehe den Alten und nehme einen anderen, einen mit Zweitakter. Nach hundert Metern kommt der Gegengedanke: Dass ich heute wieder als Heulsuse unterwegs bin. Den dünnen Alten interessieren meine Gutmenschen-Anfälle einen Dreck, er braucht den Job, die dreißig Rupien. Ich kehre um und finde ihn wieder. Und werde dafür sogar belohnt. Uday schlägt die Alama Lodge vor. Dabei kommen wir an einem Laden vorbei, über dem «Frigid Zone» steht. Solche Wörter sind ein Geschenk. Man kann ihnen eine Ewigkeit nachlauschen und stets nur aufs Neue vermuten, was sie bedeuten.

Pondicherry ist eine hübsche Stadt, da noch nicht von Millionen überrannt. Noch immer sind Reste französischen Geschmacks zu entdecken. Paris besaß ein paar Jahrhunderte lang die Enklave, immer wieder herausgefordert von den Engländern, die sie auch haben wollten. Und sie zuletzt bekamen. Bis sie 1956 an ihre rechtmäßigen Eigentümer zurückging. Ich mache einen Umweg über die Bibliothèque Romain Rolland, benannt nach dem französischen Schriftsteller, der so innig mit Deutschland und Hermann Hesse befreundet war.

Von solchen Besuchen ist abzuraten. Weil sie die dunkleren Seiten Indiens zeigen. Die grindigen Regale sehen aus, als wäre schwarzer Regen auf sie gefallen. Verwahrlost, vergessen. Wie immer in der Nähe fremder Bücher überkommt mich die Versuchung, ein halbes Dutzend einzupacken, unbemerkt und unbezahlt. Besonders in der Nähe von Büchern, die nicht geliebt werden. Ich stehle keine Bücher, ich rette sie. Aus den Händen der Verwahrloser. Wie lieblos behandelte Kinder vom Sozialamt in Obhut genommen werden, so kümmere ich mich um vernachlässigte Bücher. Aber hier finde ich nicht zehn Seiten, die noch zu reparieren wären, alles fleckig, angerissen, dunkelbraun. Ein Blick auf die Ausleihkarte zeigt, dass die Bände selten entliehen wurden. Umso verwunderlicher ihr Zustand. Nur Inder schaffen es, dass eine Bibliothek nach vierzig Jahren so aussieht. Ihr Talent zuzuschauen, während Dinge verrotten, schreit zum Himmel. Bücher, Fassaden, Landschaften, Bahnhofstoiletten, Städte, Leiber, mit grandioser Gleichgültigkeit lassen sie die Welt verwittern.

Berühmt ist Pondicherry, weil sich hier 1910 einer der großen indischen Weisen niederließ, Sri Aurobindo. Noch berühmter wurde der Ort, als der Guru zusammen mit Mira Alfassi 1926 einen Ashram gründete, den sie nach dem Tod von Aurobindo allein weiterführte. Die Französin wurde als «The Mother» berühmt. Heute leben beide nicht mehr, aber der Ashram existiert noch immer. Werkstätten, Boutiquen, Pensionen, Schulen sind über die Stadt verteilt. Ich besuche den «Samadhi», den Innenhof, in dem die Asche der Gründer unter einem Marmorsarkophag aufbewahrt ist. Angenehmer Ort; ein Schild fordert den Besucher auf, sein Telefon, den Beeper und das Mundwerk abzustellen: Silence! Der Sarg ist mit Blumen bedeckt. Die Ergriffensten lehnen sich betend darüber. Da sie nicht schluchzen vor Hingabe, kann ich das Bild aushalten. Das Anbeten von Menschen beunruhigt mich noch immer.

«Direct action from the Supreme» findet im Ashram statt. So steht es in einer Broschüre. Solche Sprüche erinnern mich an ein Fitness-Studio, in dem der Cheftrainer dem plumpsigen Neuling nichts Einfacheres vorschlägt, als Mister Universum zu werden. Gehts nicht bescheidener? Könnten wir uns nicht darauf einigen, dass da zwei Kilo Fett wegkommen und dort ein Kilo Muskeln dazu? Ähnlich hier. Muss gleich «the Supreme», das Höchste, herhalten? Darfs nicht ein bisschen irdischer sein?

Am nächsten Nachmittag fahre ich nach Auroville, der «Stadt der Morgenröte». Sie liegt zehn Kilometer außerhalb von Pondicherry und wurde 1968 von «Der Mutter» gegründet. Für 50 000 Bewohner angelegt, damit sie – weniger pompös ging es auch hier nicht – dem «göttlichen Bewusstsein» dienen. Heute steht fest, dass auch erleuchtete Greisinnen irren. Nach fünfunddreißig Jahren wohnen keine fünfzehnhundert hier, Tendenz fallend. Nicht aus «aller Welt», sondern aus neunundzwanzig Nationen. In einem Gespräch mit einem Deutschen, der seit einem Jahrzehnt hier seinen Hauptwohnsitz hat, erfahre ich, dass verschiedene Lager einander bekämpfen. Die Führung des Unternehmens gilt als arrogant und autoritär. Dazu kommen Auseinandersetzungen mit dem Ashram in Pondicherry, Spannungen mit einigen der umliegenden Dörfer. Das Göttliche stagniert, der Traum von der «Transformation und Transmutation» des Menschen hat sich verflüchtigt. Die meisten hängen hier ab, führen ein cooles Leben. Der Auftrag, den Planeten mit «höherem und wahrerem Leben» zu beglücken, wurde inzwischen stillschweigend storniert. Ob er in Auroville sterben will, frage ich M.: «Nein, denn wir sollen ja nicht mehr sterben, Suprazellen sollen in unsere Zellen eindringen und ewiges Jungsein garantieren. Das ist ein Ort, an dem die Jugend nie altert.» Nach manchen Sätzen muss man sich festhalten. Im Zentrum der Anlage steht das Matrimandir, der Tempel, die «göttliche Antwort auf die menschliche Sehnsucht nach Perfektion». Göttlich ist der Garten, teuflisch das Gebäude. Im Gänsemarsch und schweigend nähern sich die Besucher. Alle zwanzig Meter steht ein finster blickender «volunteer», der darüber wacht, dass alle schweigen, im Gänsemarsch marschieren und die letzten hundert Meter mit nackten Füßen antreten. Am Ende wartet die «Belohnung» für so viel Mühsal: Eine fünfzehn, zwanzig Meter fette Betonkugel, zugenagelt mit riesigen, goldfarbenen Blechtellern. Vielleicht kein Blech, aber schaurig blechern sehen sie aus. Sie sollen, welch berückende Metapher, die Morgenröte symbolisieren. Hinter dem Eingang der nächste Kinnhaken: Eine spiralförmige Rampe – Modell Parkgarage – führt nach oben. Wieder Beton. Und oben? Unheimlich. Man darf drei Sekunden an einer offenen Tür vorbeigehen, hinter der ein eisig marmorweißer Raum liegt, mit einer Kristallkugel in der Mitte, tonnenschwer und von Carl Zeiss geliefert. Sicher dient sie dazu, mit göttlichem Licht den Meditationsraum zu durchfluten. Nur meditiert keiner. Wie man hört, drängeln sich die «Aurovillians» nicht, um hier still zu sitzen. Ein kalter Fleck, hierher kommt man, um sich aufzuhängen. So sieht ein Mausoleum für Mafiabosse aus. Oder ein Geschenk Stalins, in Sibirien gegossen und über Indien abgeworfen. Seit 1972 wird die Missgeburt nicht fertig, noch immer hämmern die Handwerker. Wie verständlich, Hässlichkeit inspiriert keinen.

Mit Vollgas zurück nach Pondicherry. Im Café Soorya – hier

darf man lesen, denken und rauchen – kommt Rettung. In Gestalt von Hiro, einem jungen Japaner. Buddhist und messerscharf im Kopf. Ein Gottloser, der nur den eigenen Erfahrungen glaubt. Ich bitte ihn an meinen Tisch, und er vermacht mir dafür das von ihm gefundene Wort: «Meism». Von englisch «me» abgeleitet: Nur solche Einsichten aufs Hirn runterladen, die man selbst gecheckt hat. Nichts nachbeten, auch nicht die göttlichen Wahrsagungen einer Urmutter, nichts nachplappern, dafür andächtig den ewigen Weisheiten aus dem Weg gehen.

Mit dem Zug nach Tirupati, hundertfünfzig Kilometer nordwestlich von Chennai. Bisweilen entsteht der Eindruck, dass mehr Bettler unterwegs sind als Zeitgenossen, die nicht betteln. Ich kapiere endlich, warum sie so beharrlich durch die Züge wandern: Hier entkommen die Geizkragen nicht, hier können sie auf keine andere Straßenseite abdrehen, hier müssen sie Geld hergeben oder nein sagen. Und ich erinnere mich plötzlich, dass ich es als Student – per Anhalter unterwegs – nicht anders machte: Am Straßenrand warten und winken? Müde Idee. Lieber vor Ampeln stehende Autofahrer ansprechen und bitten. Dann sitzt der Mitleidlose in der Falle, traut sich keine Absage und entriegelt. Auch das ein Grund, warum Bettler immer in meine Richtung peilen: Als ahnten sie, dass ich zu oft geschnorrt habe, um je einen abweisen zu dürfen.

Als wir um zehn nach fünf in Tirupati einfahren, kommt es zu einer Szene, für die Indien das Copyright bis zum Jüngsten Tag hat: Die am Bahnsteig Wartenden gedulden sich nicht, bis die Ankommenden draußen sind, sondern fräsen sich an deren Weichteilen vorbei ins Innere. Aus Angst, keinen Sitzplatz zu ergattern. Wer nicht durchkommt, entert den Waggon über ein Fenster. Heute platze ich und will dem

Mob Moral lehren. Das endet mit schallendem Gelächter. Sie sehen mich laut schreien, und sie lachen. Lachen mich nicht aus, sondern lachen einfach. Der krebsrote Weiße scheint sie großartig zu amüsieren. Indische Spielregeln neu ordnen zu wollen, das ist einfach komisch.

Der Hotelbesitzer versteht Schreiber, vom Speicher lässt er einen Tisch ins Zimmer tragen, ich darf einen langen Tag allein sein und nach den «fugenlosen Worten» (Eldridge Cleaver) Ausschau halten. Jenen, die passen. Wieder weiß ich, dass das Beste, was die Deutschen erfunden haben, ihre Sprache ist. So spielerisch, so elegant, so wahrnehmungsreich waren sie nicht immer.

Georges Bataille notierte einst: «Schreiben heißt, das Glück suchen.» Ein seltsamer Satz, denn schreiben heißt, das Glück finden. Weil es auf magische Weise bedürfnislos macht. Man hat nur Buchstaben, siebenundzwanzig kümmerliche Zeichen. Und sie reichen. Wer ihnen verfallen ist, bleibt ihnen mit archaischer Treue zugetan. Er wird ein Höriger, er hört auf nichts anderes mehr.

Abends treibe ich mich auf dem Bahnhof herum. Auf dem schwarzen Brett steht: «Licence coolies charges», eine Preisliste für die Dienste der «Kulis». Schon 1915 hat sich Gandhi mit diesem Begriff angelegt und versucht, ihn aus dem Wortschatz zu streichen, ihn durch «porter», Gepäckträger, zu ersetzen. Aber Indien ist zäh, ein einmal gegebenes Wort bleibt. Und wären es vierhundert Jahre.

Tony arbeitet hier. Lesen und schreiben kann er nicht, aber sein Englisch ist eine Freude. Wie alle Träger erkennt man ihn an einem roten Hemd, den dünnen nackten Waden und dem Schal, den er bei Bedarf auf seinen Schädel legt, um den Druck der Last zu dämpfen. Hier fahren sie zwei Schichten, eine von sieben Uhr morgens bis abends um acht, die andere nachts. Alle sind hinter den «AC people» her, den wohlha-

benden Businessmen, die aus den Waggons mit einer Klimaanlage steigen. Die seien großzügiger. Auf die festgelegten
zwölf Rupien (fünfundzwanzig Cents) pro Koffer legten sie
glatt drei Rupien drauf. Einen Armen oder Reichen im Roll-
stuhl schieben kostet zwanzig Rupien. Versucht Tony, abzu-
zocken (er erklärt es ganz unscheinheilig) und mehr zu kassieren als erlaubt, dann gibt es zwei Möglichkeiten: Er
kassiert den Mehrbetrag unbemerkt oder er lässt sich erwi-
schen. Wenn ein aufrechter Knauser ihn anschwärzt, wird
der vierfache Familienvater drei Tage suspendiert: Keine Arbeit, kein Geld. Auch das geht vorüber. Seit knapp dreißig
Jahren hat er hier seinen Arbeitsplatz. Um ihn zu bekommen, musste der 52-Jährige ein medizinisches Zertifikat beibringen, oberste Priorität: Problemfreie Gelenke. Hinterher
kam der Berufseignungstest: Vor dem Station Master einen
Koffer – gefüllt mit Zeitungspapier, vierzig Kilo schwer – mit
Schwung (der Schwung ist entscheidend!) auf den Kopf hieven. Wie nichts hat Antony die Prüfung bestanden.
Ob er mit seiner Arbeit zufrieden sei? «Yes, my job is happy!»
Er erklärt, dass er ihn aller Voraussicht nie verlieren wird,
also ein glücklicher Job. Plusminus verdient er hundert Rupien pro Schicht. Das reicht. Auch für die Lieben zu Hause.
Mit Wärme spricht er von seiner Frau, mit der er ein «ar-
rangement» getroffen habe: Sonntags, an seinem freien Tag,
geht Tony morgens in die Kirche und abends in die Kneipe,
um seine wöchentliche Ration Rum – einen Flachmann na-
mens «India's Pride» – zu kippen. Der dafür vorgesehene Betrag, genau fünfundvierzig Rupien, gehört ebenfalls zur Ver-
einbarung.
Tony stellt mir seine Kollegen und Freunde vor, zwei Dutzend wirtschaften hier. Sein bester Kumpel heißt Rashul,
Moslem, eine sanfte Seele, nur weniger willensstark. Er
säuft, täglich. Als ich Rashul darauf hinweise, dass Blausein

dem Propheten ganz und gar nicht gefallen hätte, sagt er genervt: «Hör auf, hör auf, ich will nichts davon hören, du hast ja Recht.»

Am nächsten Morgen besorge ich mir ein «computerised token», ein Armband aus Papier mit einer elektronisch abrufbaren Nummer. Sie gilt als (teure) Eintrittskarte. Zu Hunderten stehen wir an, und in Minuten werden wir abgefertigt. Tirupati dient als Basislager. Vor den Schaltern wartet jeden Tag eine Armada Busse, um die täglich bis zu dreihunderttausend Besucher nach Tirumala zu bringen: Eine knappe Stunde entfernt, höher gelegen, den Wolken näher. Hier residiert Lord Venkateshwara, eine Inkarnation von Vishnu, ein Super-Gott, ein Weltenherrscher, die berühmteste Cash machine des Hinduismus. Dagegen ist Lourdes ein Dritte-Welt-Laden, hier machen sie Haufen von Geld.

Um 8.25 Uhr sind wir oben. Tirumala ist eine umtriebige Stadt, Imbissbuden, Banken, Hotels, Restaurants, Straßenzüge mit Läden voller Krimskrams für die Wallfahrer. Dazwischen Heerscharen von Glatzköpfen. Glückliche Glatzköpfe. Denn wer Gott von Herzen liebt, der tritt kahl vor ihn, entblößt, opfert ein so delikates Anhängsel wie seine Haare. Auf zu den Barbern.

Alles militärisch organisiert: Wer sich zu der Opfergabe überredet hat, bekommt ein kostenloses «Tonsur-Ticket», auf dem die Platznummer des Figaros steht, der den Kunden bearbeiten wird. Dazu eine frische, steril verpackte Rasierklinge. Dann eine oder zwei oder drei Stunden in einem großen Raum ausharren. Denn zu viele wollen Gott nah sein, ins Irdische übersetzt: reich sein, gesund sein, schweben vor Glück. Irgendwann öffnen sich die Eisentore, jetzt Sturm auf eine riesige Halle mit mehreren Etagen, auf denen in stürmischsten Zeiten bis zu siebenhundert Frisöre in drei

Schichten hocken und rasieren. Wer vor sie tritt, will sein Ego dalassen, will – keinem käme das als Widerspruch in den Sinn – mehr Chancen haben beim lieben Gott, den sie hier Venkateshwara nennen.

Die Männer sind in der Überzahl, sie strecken ihren Kopf bedenkenloser dem Messer entgegen. Die Frauen bewegen sich zögerlicher. Wie verständlich: Ihr Haar braucht länger, um nachzuwachsen. Ist eben Schmuck, viel schmückender als Männerhaar. Kurz vor zwölf kommt der schönste Moment des Tages. Eine Frau löst ihre Mähne und schüttelt sie. Ein Augenblick außergewöhnlicher Sinnlichkeit. Weil die biedere Frisur – fast alle Inderinnen tragen einen oder zwei Zöpfe – für Sekunden verschwindet und sich die ganze Schönheit dieses Menschen offenbart. Der Betrachter ist umso berührter, als die Bewegung unbewusst und ohne Inszenierung vor sich geht. Sofort umklammert der schöne Mensch den Schopf, nässt ihn, zieht ihn auf die rechte Seite, geht in die Hocke, ist bereit für den Verzicht.

Ich höre mich um, und keiner der Geschorenen weiß davon: Alle Viertelstunde treten Männer mit Besen an und kehren die Locken zusammen. Jeder denkt, sie verschwinden auf dem Müll. Nein, sie verschwinden in Lagerhallen. Tirumali ist auch einer der weltgrößten Haarlieferanten. Coiffeure und Perückenmacher in Mailand, Tokyo und New York beziehen ihre Ware von hier. Das Geschäft boomt, seit im Westen die Mode der Hair extensions grassiert. Ich finde den «key man», er hat den Schlüssel, er gewährt mir einen Blick auf die gespeicherten Haargebirge. Hundertundvierzig Tonnen exportierten sie letztes Jahr, vierzig Millionen Dollar importierten sie dafür. Das wären, so ergeben weitere Recherchen, nur zehn Prozent aller hier eintreffenden Gelder.

Was geschieht mit diesen orientalischen Schatztruhen? «Sie

werden reinvestiert, in Tempelanlagen, Schulen, Kranken-
häuser, wohltätige Vereine», sagen sie einem unbekümmert
ins Gesicht. Das ist ein schneidiger Satz. Ob er hint und vorn
stimmt? Auch dann noch stimmt, wenn man weiß, das Indien zu den Korruptions-Weltmeistern gehört? Und man
schon immer wusste, dass die Versuchung zur Sünde steigt,
je höher die Geldkisten sich stapeln?
Nachmittags kommt der zweite Akt, die zweite Liebesgabe
an den so fordernden Gott. Der lange Weg zu ihm steht bevor, der sehr lange. Über Ecken, Biegungen und Gänge, die
an Raubtiergitter erinnern. Damit die Inbrunst nicht über-
schwappt. Links und rechts der Stäbe lungern die Krüppel,
die ihre verdrehten Arme und Beine hindurchstrecken und
gnadenlos das Gewissen der Pilger kneten. Siegessicherer
kann man sich nicht positionieren: Der potenzielle Spender
will in den Himmel, will büßen für seine Schandtaten, will
gutmachen, muss selber um Nachsicht betteln.
An der siebten Steilkurve zu Gott werde ich, der Ausländer,
höflich herausgebeten und aufgefordert, schriftlich zu versi-
chern, das ich «faith in the Lord» habe. Ich versichere alles,
wenn nur keiner die Wissbegier stoppt. Kurz darauf Bodycheck und Metalldetektor, für alle. Weitertippeln, das Verlangen wächst nach jeder neuen Geraden, «Schweigen!» steht
auf einer Tafel geschrieben und mit einem enthusiastisch
gebrüllten «Om Sri Venkateshwara Namaka» ziehen sie daran vorbei. Nicht ohne in jede Ritze ein paar Rupien zu drücken.
Nach zweieinhalb Stunden betreten wir den Schrein der
Gottheit, drücken uns im Krebsgang an einer Kammer vorbei, in deren dusterem Hintergrund – unberührbar weit weg
– die Statue des abgöttisch Geliebten steht. Jetzt der eine und
einzige Augenblick, um dem himmlischen Alleskönner seine geheimsten Sehnsüchte zu flüstern. Dann sich losreißen

müssen und dem «Way out»-Zeichen folgen. Die Nächsten drängeln.

Draußen steht mein erschöpfter Leib zwischen den tausend seligen. Mich trieb nur Neugier, sie feuerte eine blindwütige Liebe an. Wie beneidenswert.

Auf den nächsten fünfzig Metern passiert es, jetzt komme ich an den Haufen, ja Haufen, vorbei: Hinter einer Glasscheibe sitzen siebenunddreißig hauptamtliche Geldzähler und sortieren die Rupienscheine, die sich vor ihnen auftürmen. Jeder im Schneidersitz vor seinem Berg. Sie zählen, und die Berge schrumpfen nicht, schrumpfen nie. Denn immer wieder kommen hauptamtliche Geldträger und werfen neue Bündel dazu. Wie Reisig auf einen Scheiterhaufen. Ein göttliches Perpetuum mobile, ein umwerfendes Bild.

Abends wieder in Tirupati. Tony streckt mir den Indian Express entgegen, er hat das Foto gesehen: Auf Seite drei steht der Bericht über ein gräuliches Zugunglück. Ein Rikschafahrer mit zehn Passagieren – zugelassen sind zwei – bleibt auf einem schrankenlosen Übergang stecken und wird von einer vorbeirasenden Lokomotive erfasst. Neun zerfetzte Tote und zwei Schwerverletzte. Indian Railways heute einmal nicht schuldig. Elf Wahnsinnige müssen sich zu dieser Tour entschlossen haben. Da es mehr als elf davon in Indien gibt, die sich nicht auf ihr Hirn, sondern ihren Glücksquotienten verlassen, muss man sich wundern, warum die Statistiken nicht blutiger ausfallen. Man bedenke die elefantösen Zahlen dieses Großunternehmens: Über 63 000 Kilometer Schiene, über 21 500 unbemannte Übergänge, über 220 000 Waggons, über 7000 Stationen, über 7500 Lokomotiven, über eine Million Tonnen täglicher Güterverkehr, über 10 000 Züge und über zwölf Millionen Passagiere, Tag für Tag.

Ein letztes Mal zurück nach Chennai, der Drehscheibe.
Dort eine Fahrkarte kaufen und an einem strahlenden Morgen um Viertel vor neun den Coromandel Express nach Kolkata (früher: Kalkutta) besteigen. Eine lange Reise beginnt, achtundzwanzig lange Stunden wird sie dauern. Ich bin guter Dinge, da gut ausgerüstet. Gestern noch besorgte ich mir das «Travel-Survival-Book», in ihm werden alle denkbaren Situationen durchgesprochen. Wie das Anhalten eines führerlosen Zuges oder das Verhalten bei Bremsversagen. Erst beim Frühstück entdeckte ich das Vorwort. Sauwitzig. Die Autoren schreiben tatsächlich: «Bei Lebensgefahr gibt es häufig keinen gefahrlosen Ausweg mehr. Wir empfehlen Ihnen daher, sollten Sie in eine der in diesem Buch geschilderten Situationen geraten, sich an einen Experten zu wenden, der sich professionell damit auskennt.» Vor einer lebensbedrohlichen Situation sind die beiden Verfasser auf jeden Fall sicher, der eines Gehirnschlags. Er wäre ein Schlag ins Leere.

Als ich mein Abteil mit dem reservierten Platz erreiche, sitzt bereits eine junge Frau am Fenster. Eine Frau aus dem Westen. Ein intensives Lächeln huscht über ihr Gesicht, als sie mich sieht. Zu intensiv für zwei Fremde. Einige Stunden später werde ich wissen, warum. Sie kommt aus Deutschland, ich stelle mich als Amerikaner vor. Ich habe die Erfahrung gemacht, dass Deutsche sich anders über ihr Land äußern, wenn sie zu einem Ausländer sprechen. Radikaler, hemmungsloser. Ich will wissen, was in dem hübschen Kopf von Alma vorgeht.

Wir teilen das Compartment mit einem alten Ehepaar, zwei Bengalen auf dem Weg zurück in ihre Stadt. Es ist ein Klischee und oft wahr: Bengalen denken viel, lesen viel. Der Anblick der beiden mit einem Buch in der Hand beruhigt mich. Wie es mich immer beruhigt, wenn Menschen an der

Welt teilnehmen, noch von der Ahnung getrieben werden, sie hätten was zu lernen.

In einem Zug sitzen und fahren und wissen, dass ein anderer – der Mann in der Lokomotive – für eine gewisse Zeit die Verantwortung übernimmt, dieser Zustand wirkt wie eine Droge. Immer und immer zuverlässig. In indischen Zügen vielleicht noch zuverlässiger. Der Psychologe John Olds pflanzte Ratten eine Elektrode ins Glückszentrum ihres Gehirns. Über eine Taste konnten die Nager einen Impuls auslösen, der dieses Zentrum stimulierte. In der Folge betätigten die Ratten permanent den Knopf, genossen unermüdlich das Glücksgefühl. Bis sie verhungerten: Die permanente Gier nach Glück hat etwas Deprimierendes, sie macht tot, so oder so. Körpertot oder hirntot. Diese Gefahr besteht beim Zugfahren in Indien nicht, das Glück ist vergänglich, sehr. So flüchtig, dass es jedem entgeht, der kein Talent für den Augenblick hat.

Unter den Bettlern befinden sich heute ein paar Transvestiten und Transsexuelle. Mit buntem Fummel, bunter Schminke, unechten und echten (echt operierten) Brüsten. Ihre alles anfassenden, alles ausleuchtenden Augen. Die Ex-Männer tanzen, flirren wie Quecksilber, greifen keck nach ihren privateren Körperteilen und strecken die Hand aus: «Money!» Da es heißt, sie verfügten nebenbei noch über den bösen Blick, ist es ratsam, sich von einem Rupienschein zu trennen. Auffällig auch ein junger Mann, der DIN-A4-Blätter verteilt, auf denen steht: «Ich kann Reagenztuben auf meiner Brust zerbrechen und sie dann mit meinen Zähnen zerkleinern.» Neben den Text sind Kopien von Fotos geklebt, sie zeigen den Glasbeißer in Aktion. Sein linker Arm fehlt, er kann Hilfe brauchen.

Wenn Zeit ist, verlasse ich während eines Stops den Zug und suche nach dem Trinkwasserhahn. Südindien glüht bereits.

Heute benutzen ihn alle, früher gab es ein Becken für «Hindu water» und eines für «Musalman water». Auf einem der hinteren Waggons steht «Guard», vier Polizisten begleiten den Zug. In Epochen der Hungersnöte fuhren Beamte mit, um die «grain robberies» zu verhindern, die Sturmattacken auf Gepäckwagen, die Weizen transportierten. Irgendwann stellte sich heraus, dass die Ordnungshüter die Ordnung nicht hüteten, sondern neben den (hungernden) Banditen gleich mitplünderten. Heute sollen sie einschreiten, wenn moderne Halunken über die Züge herfallen. Die suchen nicht nach Getreide, sondern nach den Geldbörsen der Passagiere. Schon wieder gehen Gerüchte, dass die Beute gerecht geteilt wird: Ein Teil für die Raubritter, ein Teil für die «guard», die nicht wacht, sondern pünktlich zur vereinbarten Uhrzeit fest schläft.

Bei Einbruch der Dunkelheit beginnen Alma und ich zu reden. Das Ehepaar schläft bereits, wir haben keine Zeugen. Ein blutjunger Mensch spricht. Letzten Sommer hat sie das Abitur gemacht, Tage später war sie in Indien, über ein halbes Jahr ist sie nun von zu Hause weg. Weg, weil «Deutschland mich anekelt». Die Protzsucht, die Sicherheitssucht, der Mangel an Wärme und Tiefe, der Umgang mit Fremden. Die ersten vier Monate arbeitete sie bei einer Hilfsorganisation in Kolkata, kümmerte sich um obdachlose Kinder, fuhr in die Dörfer und versuchte zusammen mit anderen, eine Schule aufzubauen. Anschließend reiste sie quer über das Land. Wie jetzt.

Aber jetzt mit anderen Erfahrungen im Kopf. Die den Deutschlandekel relativieren. Denn nun ist sie durch Hinterindien gewandert, hat die Trostlosigkeit und den Stumpfsinn der Armut erfahren. Fühlt den Schock, als sie begreift, dass keine Herausforderung dort auf die Jugendlichen wartet, keine Gegenwart, keine Zukunft. Dass nichts die Halbwüchsigen peitscht, beflügelt. Dass kein Tag anders sein wird als der Tag zuvor. Und keiner der Jungen den ewig gleichen Gedanken die Stirn bietet. Dass ein Fatalismus umgeht, der jede Idee an Ausbrechen und Freiheit zunichte macht. Alma hat die Erfahrung einer heutigen Heimatlosen hinter sich, die begriffen hat, dass die Welt keine Zuflucht bietet. Dass vor Deutschland davonrennen noch lange nicht bedeutet, irgendwo anzukommen.

Ich wüsste nicht, wie der Achtzehnjährigen über diesen Verlust hinweghelfen. Sie muss da durch. Ist sie stark, wird sie am Ende stärker zurückblicken. Ich schreibe ihr ein Gedicht von Joseph Brodsky auf, dem Gewinner des Literatur-Nobelpreises 1987. «Having sampled two oceans». Von Sibirien hat es den Dichter nach Amerika verschlagen. An seiner Verlorenheit hat der Umzug nichts geändert, zuletzt weiß er: «there is nowhere to go».

Das wird ein langer Abend. Alma hat noch eine Rechnung offen: Männer, hiesige Männer. Drei von ihnen haben vor ihr die Hose heruntergelassen und sich als Masturbanten vorgestellt. Einer bittet sie unter einem Vorwand ins Hinterzimmer seines Geschäfts und fordert, kaum ist die Tür zu, «comfort on the floor». Mit Mühe kommt sie davon. Vor einigen Tagen lag sie wie heute in ihrer Koje in einem Sleeper-Coupé. Schlafend. Bis sie zwei Hände spürte, die an ihrem Körper entlangkrochen. Statt loszuschreien und auszuholen, hielt sie totgefroren vor Angst die Luft an. Und hatte Glück. Weil ein anderer Passagier aufstand und seine Sachen packte, um an der nächsten Station auszusteigen, zog der Lüstling sich zurück.

«Eve-teasing», Eva reizen, nennen Medien hier das Problem. Sie geben es zu, es wird nicht tabuisiert. Eine Reihe Inder – in anderen Ländern ist es nicht anders – kommen nur als linkische, seltsam verdruckste Gestalten in die Nähe einer

Frau. Jetzt verstehe ich auch das Lächeln von Alma, als wir uns begrüßten. Sie vermutete wohl, dass sie diese Nacht geborgen wäre, dass der Fremde sie diese Nacht beschützen würde.

Ich betrachte sie, nachdem sie eingeschlafen ist. Das Mädchen gefällt mir. Wie mir alle gefallen, die mich nicht totmachen mit ihren platten Träumen, die nicht jedem Risiko aus dem Weg gehen. Die Achtzehnjährige hat Mut, sie hat ein Recht auf ein eigenes Leben.

Ich schlafe schlecht, in Zügen noch schlechter. Schwer und schnell donnert unser Express durch die Nacht. Ich blättere nochmals im Travel-Survival-Book, schaue nach, was zu tun wäre, wenn ein Zusammenstoß unmittelbar bevorstünde: «Begeben Sie sich ruhig und gefasst ans Ende des Zuges. Hier sind Sie am sichersten.» Es wird noch geraten, Matratzen und Kissen mitzunehmen. Als Polster gegen den Aufprall. Ich mache mich tatsächlich auf den Weg. Ohne Polster. Und ohne Hoffnung, denn an Rettung durch ein Plumeau will ich nicht glauben. Auch nicht an ein Unglück in dieser Nacht, ich habe nur einen Grund, das Abteil zu verlassen: Suche nach Licht. Ich will lesen. Ruhig und gefasst.

Nach dem dritten Waggon, neben dem dritten Waschbecken brennt eine Lampe. Sogar rauchen ist erlaubt, «wenn es andere Gäste nicht stört», steht da geschrieben. Ich bin der einzige Gast. Bis nach einer guten Stunde drei andere eintreffen. Drei Kakerlaken, auch sie schlaflos, kriechen hinter dem Abflussrohr hervor. Ich lese gerade Nicolas Bouviers «Die Erfahrung der Welt», ein paar Absätze zuvor stand der Satz: «Ich schlief in einer großen Filzjacke auf dem Moos. Ich hatte mir niemals vorgestellt, so glücklich sein zu können.» Manche Sätze taugen als Nahrungsmittel, sie nähren wie ein Laib Brot.

Zurück ins Abteil, die letzten Stunden zu dösen versuchen.

Ich friere, die Filzjacke fehlt. Irgendwann drifte ich weg und träume, dass mir jemand Kaffee kocht. Ich wache auf und höre die Schnarcher, die wie Kaffeemaschinen gurgeln, wenn die letzten Tropfen heißen Wassers durchlaufen. Kurz darauf die ersten Schreier, die tatsächlich Kaffee anbieten. Damit auch jeder einsieht, dass die Nachtruhe ein Ende hat, verkauft ein Mann Hupen, auf die er frohgemut drückt.

Nach dem Frühstück wandere ich durch den Zug, will den Mann finden, der für das «complaint book» zuständig ist, jenes dicke Buch, in das die Kunden von Indian Railways ihre Beschwerden schreiben. Drei Schaffner schwindeln und sagen, sie wüssten von nichts. Aber Mister Keerthi, der Oberschaffner, fragt leicht gereizt: «What is your problem?» Er verdächtigt mich sofort, an dem Unternehmen, das «150 glorious years» hinter sich hat, herumnörgeln zu wollen. Ich beruhige ihn, nicht ein einziges Problem gäbe es mit mir, ich würde nur gerne lesen, worüber sich die Leute beklagen. Da zieht ein Lächeln über das Gesicht vom Chef, er lädt mich in sein «Dienstzimmer», ein Erste-Klasse-Wohnzimmer mit Tisch und Polstersesseln, ordert Tee für uns beide und holt das Buch.

Mister Keerthi wusste, warum er lächelte, es war das Lächeln eines Siegers. Im April 1999 hat er die Strecke übernommen, und nicht eine, nicht eine einzige missmutige Bemerkung wurde seitdem notiert. Die letzte liegt acht Jahre zurück: «Abusive language», ein Kunde moniert den beleidigenden Ton eines Angestellten. Davor steht die Wut eines Passagiers, der berichtet, dass ein Schlafwagenschaffner bestochen werden musste, um die Bettwäsche auszuhändigen. Am Ende jedes Eintrags kommt die Gegendarstellung der Bahn oder der Hinweis, dass unverzüglich den Vorwürfen nachgegangen wurde. Damit hat es sich. Die Wut verraucht, ebenso der Eifer, dem Anlass der Wut hinterherzurennen.

Inder tragen nicht nach, sie vergessen. Das ist bequemer, das ist weiser.

Immer, wenn wir über einen Fluss fahren, macht Mister Keerthi ein andächtiges Zeichen, er grüßt das Wasser, sagt: «Each river is our mother.»

Ich frage den Chef (wie ich so viele andere gefragt habe), warum Indien im Dreck liegt. Warum ein Land mit solchen Begabungen, mit so viel Intelligenz, es nicht schafft, den Dritte-Welt-Status hinter sich zu lassen. «Korruption», ohne Zögern kommt die Antwort. Keine besonders aufregende Erklärung, eher üblich und weit verbreitet. «Warum wählt das Volk dann die korrupten Politiker?» Und Mister Keerthi: «Wir haben keine Wahl, jeder ist korrupt.» Die meisten Inder glauben, dass ihr Land auf einem der drei ersten Plätze landen würde, wenn die Schmiergeld-Orgien ein Ende hätten. Andere machen die Überbevölkerung verantwortlich oder den Abgrund zwischen Analphabeten und Informierten. Eine Minderheit spricht die beiden Religionen Hinduismus und Islam schuldig, da beide zur Ergebenheit dem Schicksal gegenüber aufrufen.

Jeder dieser Gründe bremst. Aber sie spielen nur Nebenrollen. Ich vermute: Inder leben so, weil sie es so wollen. Eine andere Deutung der materiellen Misere in diesem Land hieße, seine Einwohner der Dummheit, der Faulheit, der maßlosen Geldgier zu zeihen. Der politisch korrekte Rassismus spricht die Bewohner der Dritten Welt von jeder Verantwortung frei, überlässt alle Schuld immer nur dem Schicksal, dem Weißen, dem Klima. Solche Reden entmündigen den andern, erklären ihn a priori für zu geistesschwach, um sein Leben in die Hand zu nehmen. Natürlich träumen Inder von einem wie Deutschland aufgeräumten Land. Aber der Traum ist nicht hartnäckig, nicht possessiv. Ihn wahr machen, wirklich, unwiderruflich, mit allen Konsequenzen, mit allen Ängsten, mit allen Beschränkungen? Nein, wollen sie nicht. Dafür sind sie zu verliebt in ihr «Mutterland», zu abhängig von seinem Zauber, seiner Großzügigkeit, seiner Leichtigkeit. Jeden Tag fluchen sie auf Indien, und jeden Tag spüren sie diese abgöttische Liebe.

Mit zweieinhalb Stunden Verspätung erreichen wir Kolkata. Keiner empört sich, keiner entschuldigt sich. Ich erinnere mich an eine Eisenbahnfahrt in Japan, von Kyoto nach Tokyo. Um sagenhafte drei Minuten später als planmäßig vorgesehen erreichten wir die Hauptstadt. Noch waren nicht alle ausgestiegen, da stand der Zugführer schon am Mikrofon und bat unterwürfigst um Nachsicht.

Herzlicher Abschied vom Chef und von Alma. Sie muss weiter, ich will ein paar Tage hier bleiben. Ich würde gern wissen, wie das Mädchen in dreißig Jahren lebt, ob die Weltwachheit durchgehalten hat. Ob sie noch teilhat, noch mitfühlt. Oder schon tot ist und nur noch zuschaut, wie das Leben vergeht.

Mit dem Taxi in die Sudder Street, dort gibt es die einfachen Hotels, Cafés, Internet, die Gegend liegt zentral. Kolkata, die Hauptstadt von Westbengalen ist das dritte Monster auf meiner Route, von dem keiner mehr weiß, wie viele hier Zuflucht suchten. Seriöse Zahlen reden von zwölf oder dreizehn Millionen Einwohnern. Kolkata klingt wie Marilyn Monroe oder Niagarafälle. Zu viel Geschichte, zu viel Drama, zu viel Glanz liegen hinter ihr, zu viele Lügen und furchtbar wahre Geschichten wurden über die Stadt erzählt, als dass einer noch wagen dürfte, sie zu beschreiben. Nur Blitzlichter will ich liefern, vielleicht lassen sie etwas ahnen.

Am Ende der Taxifahrt – viel warten und wenig fahren – werde ich wieder daran erinnert, dass ich noch eine Menge schlechtes Karma abtragen muss. Der Fahrer trickst. Ich stehe neben dem rechten Vorderfenster und reiche dem jungen Kerl hundertfünfzig Rupien, mehr als ausgemacht. Wohl nicht genug, denn Raju zeigt mir den Fünfzigrupienschein und einen Zehnrupienschein, weist höflich darauf hin, dass ich mich getäuscht hätte und noch weitere Scheine ausstünden. Jetzt kommt der Augenblick, wo mein gutes Karma einspringt, denn ich erinnere mich, dass ich selber (ein betrügerischer) Taxifahrer war. Wie selbstverständlich öffne ich die Fahrertür und wir beide sehen meinen Hundertrupienschein am Boden liegen, fallen gelassen von Raju, dem Anfänger. Ich bin nicht eine Sekunde böse und wünsche mehr Glück beim nächsten Mal.

Es ist mein dritter Besuch hier. Noch immer weiß ich keine Stadt auf dem Globus, die geschürfter das 21. Jahrhundert antreten muss. Und in der mehr Liebe und Herzenswärme umgeht als hier. Die weniger oft nein gesagt hat zu den Flüchtigen und Vertriebenen. Die selbst Besucher zu Taten verführt, zu denen sie woanders nicht willens sind.

Ein Körperteil wird am heftigsten gemartert, von der ersten Minute an: Die Cochlea, das Teilchen, das wie eine Schnecke im Innenohr liegt. Sie ist das einzige Sinnesorgan des werdenden Menschen, das schon ganz früh funktionstüchtig, also hörfähig ist. Die Möglichkeit besteht, dass sie diese Fähigkeit in Kolkata einbüßt, dass das ganze Ohr, dass beide Ohren abfallen, solch zermalmenden Lärm produzieren sie hier.

So rette ich mein Paar Trommelfelle den ersten Abend ins Oberoi Hotel, das nobelste am Ort, nur ein paar Ecken von meinem Sperrholzbett mit Wasseranschluss entfernt. Wie immer bei derlei Gelegenheiten mache ich einen Umweg über die Toiletten. So sauber sind sie die nächsten hundert Kilometer nicht mehr. Ein Fünfsterneklo bedeutet für einen Indienreisenden eine Art Oase, die zum Niederlassen, Entspannen und Zeitunglesen einlädt. Ohne Gefahr zu laufen, sich ein halbes Dutzend Viren und eine halbe Million Bakterien einzufangen. Nur sitzen und denken und loslassen.

Diesmal war die Entscheidung falsch. Weil ich dem «toilet man» in die Arme laufe, der Anstalten macht, mir die Toilettentür zu öffnen und tatsächlich darauf hinweist, dass er davor warten wird, «in order to serve you». Das geht nicht, mein Leib kann nicht loslassen, wenn andere darauf warten. Ich murmle eine Ausrede und gehe zum Waschbecken, wobei Amarender mich überholt und das tut, was er eigentlich nachher tun wollte, «mir dienen», sprich, den Wasserhahn aufdreht, die Seife auspackt, ein frisches Handtuch bereit legt. Ich blicke in den Spiegel und sehe in meine Augen. Sie sind feucht, urplötzlich, ohne Ankündigung, ohne die Möglichkeit, mich dagegen zu wehren oder es zu verheimlichen. Ich kenne solche Erfahrungen, eigene oder aus Erzählungen anderer, die wochenlangen, auch körperlichen Stress hinter sich hatten. Solche Tränen sind weniger Ausdruck des Mitgefühls, eher Zeichen von Druck. Natürlich auch des Wissens, dass keiner auf die Welt kam, um mir in einem öffentlichen WC ein Handtuch zu reichen. Das ist nicht fair, nicht ihm gegenüber, nicht mir.

Im eleganten Restaurant werde ich ins Eck verwiesen, da steht der Katzentisch, reserviert für Typen, die eine Tasse Kaffee bestellen und bis Mitternacht nichts anderes. Ein guter Platz, denn ich werde Zeuge einer lehrreichen Szene. Zwei Tische weiter sitzt ein älteres Paar, Engländer, ihre Kleidung lässt darauf schließen, dass sie nicht bei Woolworth einkaufen. Die Frau spricht mit einem der Köche, der am Buffet arbeitet. Irgendwann fragt der junge Mann, ob die Gäste bis Ende des Monats bleiben. Darauf die Frau: «Wo denken Sie hin, wir haben nur bis zum Neunten gebucht. Ich muss genau wie Sie mein Geld verdienen.» Alle drei lachen. Der letzte Satz ist wohl freundlich gemeint und gleichzeitig strohdumm, so peinlich leutselig. Ich gehe zur Rezeption und hole mir die Preisliste, auf dem Rückweg frage ich den Chefkoch nach dem Gehalt seines Lehrlings. Dann bin ich wieder am Katzentisch und rechne nach: Bis zum Neunten sind es noch drei Wochen. Ein Zimmer im Oberoi – nicht das teuerste, nicht das billigste – kostet, inklusive Steuern, 332 US-Dollar. Den Betrag mal einundzwanzig ist gleich 6972 Dollar, nur das Zimmer, ohne Essen, ohne Extras, nur Bett und Bad. Die monatlichen 8900 Rupien des Lehrlings ergeben umgerechnet 185 US-Dollar, Conclusio: Von den einundzwanzig Nächten, die das Ehepaar hier noch verbringen wird, könnte sich Amitava ein paar Stunden leisten, kurz nach ein Uhr der ersten Nacht müsste er das Zimmer räumen. Hinterher wäre er allerdings dreißig Tage und neunundzwanzigeinhalb Nächte pleite.

Auf dem Weg zu meiner Kammer biege ich in eine Nebenstraße ein und höre schon von weitem ein gewaltiges Geschrei. Unruhen? Eine Schlägerei? Ich laufe drauflos. Nichts von alldem. Nur eine Filmpause, Scharen strömen aus einem Saal, und die Betreiber ambulanter Straßenküchen brüllen ihnen entgegen: «Hierher, hierher, hier gibts die besten Sandwiches.» Nach der Pause setze ich mich zu den Scharen ins Kino, «Jism» (Körper) läuft, der letzte Renner aus Bollywood. Sicherheitshalber binde ich mich fest. Vergeblich, nach zehn Minuten reiße ich mich los und rette mich ins Freie.

Das wird ein herausforderndes Ende eines Tages. Hinter den Sperrholzwänden meiner Bude höre ich es plötzlich stöhnen, dann gurgeln, dann schreien. Ausgehungert, wie ich bin, denke ich sogleich an wildes Leben, an Eros, an nackte

Leiber, die sich wälzen und begehren. Schon spüre ich Wut und Neid meinen einsamen Kopf verseuchen. Herr im Himmel, ein zur Hingabe talentierter Frauenkörper wäre jetzt willkommen. Ich presse das Ohr an das Sperrholz und kapiere, dass es sich um einen Spielfilm handelt. Einmal läutet das Telefon, jemand nimmt ab, spricht Bengali, während angloamerikanisch weitergewälzt wird. Der Telefonierer schaut fern, schaut fern auf zügellose Leiber.

Ich kann es nicht: Im Kino oder in einem viereckigen Kasten auf begehrenswerte Menschen starren und ihnen zuschauen, wie sie sich begehren. Von anderen Männern weiß ich, dass der Akt des Betrachtens sie erfreut, sie zumindest von einem Teil der Gelüste erlöst. Mich erlösen solche Bilder nicht, sie stacheln an. Nebenbei sind sie ein Vorwurf an mein Leben, an meinen Körper, der augenblicklich ohne begehrt zu werden auskommen muss. Ich will nah sein, nicht fern sehen, ich will den Körper umarmen, nicht mich mit virtuellen Begehrlichkeiten trösten.

Um neun Uhr morgens treffe ich Babur. Mit einem kleinen Ast des Neembaums reinigt er gerade seine Zähne. Als ich gestern in die Sudder Street einbog, stand er am Eck und begrüßte mich. Als hätte er auf mich gewartet. Es war eine besondere Geste, sie hatte etwas so unkompliziert Warmes. Vor sechs Jahren hatten wir uns zum letzten Mal gesehen, und nun sah Babur mein Gesicht im Taxi vorbeifahren und lächelte. Wir beide brauchen einander, vor allem ich ihn, an dem Mann arbeite ich mein schlechtes Gewissen ab.

Babur ist, so schätzt er, «über vierzig Jahre» alt, seit über vierzig Jahren Moslem. Vor knapp drei Jahrzehnten floh er aus dem Bundesstaat Bihar, der elendsten Gegend auf dem Subkontinent, hierher. Motiv: Armut. Seitdem arbeitet er als Rikscha-Puller, wie vierzigtausend andere in Kolkata. Ohne Motor, ohne Fahrrad, der fünffache Vater zieht die Kundschaft zu Fuß durch die Straßen der Stadt. Einmal im Monat geht er zum Hauptpostamt und schickt – signiert per rechtem Daumenabdruck – das Gesparte nach Patna, der Hauptstadt von Bihar. Für Frau und Kinder, von denen keiner lesen und schreiben kann. Babur schläft noch immer in der Nähe der Heilsarmee auf zwei Leinensäcken und dem Sitzpolster der Rikscha als Kopfkissen. Direkt neben dem Trottoir. Die Nächte im Norden Indiens sind noch immer kalt, eine Decke reicht nicht. Wir kaufen noch eine, jetzt verfügt Babur über zwei.

An seinem restlichen Besitzstand hat sich nichts verändert: Zwei Hüfttücher, zwei überlange Hemden, zwei Unterhemden, ein kurzer Schal zum Schweißabtrocknen, eine Plastikdose für Tabak und Kalk zum Kauen, ein Paar Sandalen, eine in Folie gewickelte Kernseife, ein Stück getrocknete Kokosnuss-Faser als Bürste. Jeden Freitag legt er ein frisch in süßes Parfum getunktes Wattebällchen in sein rechtes Ohr. Kosten: eine Rupie. So befriedigt er mit zwei Cents pro Woche sein Bedürfnis nach Extravaganz. Zwanzig Meter von seinem Standplatz entfernt steht eine öffentliche Wasserpumpe, seine Dusche, ihr gegenüber eine Kaschemme, hier darf er aufs Klo. Alle vier Tage geht er zu den Dhobi-Men und lässt waschen. Wie außergewöhnlich der Satz «I let wash» aus dem Mund eines Rikscha-Fahrers klingt. Aber so ist es üblich, der Arme geht zu dem noch Ärmeren, so kommt jeder zu ein paar Scheinen.

Vor sechs Jahren war Babur damit beschäftigt, seine Tochter Nureen zu verheiraten. Als ich ihn damals fragte, ob ihm noch etwas Dümmeres einfiele, als ein analphabetisches Kind an einen analphabetischen Halbwüchsigen zu verkuppeln, meinte der Vater hilflos: «You know, Indian custom.» Er musste wohl so handeln. Findet die Zehnjährige keinen Ehemann, greifen die Nachbarn ein und beginnen zu schwätzen, sie einer Krankheit zu bezichtigen oder ähnlich bizarre Verdächtigungen zu fabrizieren. Aber heute höre ich nur Gutes. Wie ist die Ehe? «Yes, marriage happy!» Und meinem Rat, sich sterilisieren zu lassen (ich hatte ihn tagelang damit terrorisiert), war er gefolgt. Er zeigt mir die winzige Narbe.

Vor Jahren kehrte Baburs Vater nach Patna zurück, einst selber «rickshaw-man», jetzt nur noch «old man», Pensionist ohne Pension, erledigt von einem halben Jahrhundert Giftgasschlucken. Wieder frage ich den Sohn: «Was macht dein Vater jetzt?» Und Babur: «Just waiting.» Just waiting bedeutet dasitzen und warten. Warten auf nichts.

In den Zen-Klöstern Japans wird dem Schüler von Zeit zu Zeit ein «Koan» gegeben, ein Rätsel, das er lösen soll. Furcht erregendes Beispiel: «Erkläre die lautlose Stimme der einen Hand.» Indien ist auch ein Koan. Keine Logik hilft aus, keine Psycho-Logik, nur eine Erleuchtung. Baburs Vater wartet. Für den Sohn, den Inder, ist das die natürlichste Antwort der Welt. Für den Europäer klingt sie geheimnisvoll und immer unbegreiflich.

Wir gehen Mittagessen. Babur schaufelt wie ein Pferd, er weiß, dass er nach meiner Abreise wieder Hunger haben wird. Wenn er nicht schaufelt, bellt er. Sein Husten ist auch schon älter, vielleicht zehn Jahre alt, er hat den Anfang des Keuchens vergessen. Ich frage den Wirt nach einem Arzt in der Gegend, wir gehen los und stehen vor einer geschlossenen Praxis. Babur schlägt den Besuch eines «small doctor» vor. Ein kleiner Doktor ist einer, der keinen Computer auf dem Schreibtisch stehen hat. Aber auch der Computerlose ist abwesend. Zum «foreign doctor», bei dem wir früher schon einmal waren, lässt sich Babur nicht überreden. Das hat Gründe. Der Amerikaner stauchte ihn seinerzeit zusammen, weil der Patient nichts einhielt: nicht die regelmäßige

Tabletteneinnahme, nicht die vorgeschriebenen drei Liter
Wasser pro Tag, nicht die zwei empfohlenen Ruhetage pro
Woche. Der Mann aus New York kam tatsächlich aus einem
fernen Land, er wollte nicht begreifen, dass indische Rikschafahrer kein Recht auf achtundvierzig Stunden Aufhören
haben, dass sie nicht immer über die nötigen Gelder zum
Kauf von Medikamenten verfügen, nicht immer Wasser finden, das dem Darm gut tut.

Wir machen eine Pause, wir brauchen ein Erfolgserlebnis.
Auf zu «Sadip's Hairshop». Waschen und schneiden, rasieren,
Nackenmassage. Babur schließt die Augen. Wie er es ge-
nießt, einmal umsorgt zu werden. Sonst schneidet er selbst.
Bedient werden geht nicht, geht nie. Für Service und Wohlgefühl bleibt ihm keine Rupie übrig. Dafür weiß er das
billigste Essen, das billigste Klo, den billigsten Chai. Das ist
sein Koordinatensystem, tagtäglich.

Der einzige Störfaktor im Augenblick bin ich. Während Sadip
unsern Mann aufmöbelt, sitze ich daneben und drohe Babur
mit der Todesstrafe. Naiv denke ich, dass jemanden an sein
Ende zu erinnern der effektivste Hebel sein müsse, um ihn
zu einer Handlung zu zwingen. Ich stelle Babur einen frühen Tod in Aussicht, wenn er nicht anfängt, intelligenter mit
seinem Körper umzugehen. Aber Babur grinst nur, der Hebel greift bei Indern nicht, so beunruhigend scheint Sterben
nicht. Jetzt ist jetzt, jetzt ist er nicht tot. Im Gegenteil, so gut
ging es ihm schon lange nicht.

Am späten Nachmittag läuten wir bei Dr. R. Ahmed. Achtzehn Zeilen stehen auf seiner Visitenkarte, darunter ein Dutzend Abkürzungen, alle rätselhaft und undechiffrierbar, alle
Hinweis auf nationale und internationale Titel und Meister-
schaften. Ach, die Sprache. Nach einer halben Stunde dürfen
wir ins sechs Quadratmeter schmale Sprechzimmer mit dem
Aquarium. Gewitzt durch frühere Erfahrungen, lüge ich

gleich beim Betreten, dass ich nicht für die Behandlungskosten aufkommen werde, nur für eventuelle Arzneimittel. Ich tue das, um eine rasante Preissteigerung zu vermeiden. Um nicht tausend Rupien zahlen zu müssen, sondern hundert, wie üblich. Der Doc reagiert blitzschnell. Er will sein Gesicht nicht verlieren, sagt, dass er Babur keinen Paisa berechnen werde für die Sprechstunde. Folglich dauert unser Dialog schon länger als der nachfolgende Checkup, die Sprechstunde wird zur Sprechminute. Ich weise noch darauf hin, dass ich eine chronische Bronchitis vermute, worauf Dr. M.B.B.S.D.T.C.D.M.C.C.P. (einer der Titel) dreimal auf Baburs Bauch drückt, umgehend die Diagnose – unser Patient bellt gerade – bestätigt und auf den ebenfalls achtzehnzeiligen Rezeptblock schwungvoll lateinische Wörter schreibt. Wir sind entlassen.

In der nahe gelegenen Apotheke bekommen wir das Antibiotikum Amoxcillin und Benadryl, den Hustensaft. Beim Reden am abendlichen Feuer drohe ich dem Beller mit Allahs ewigem Fluch und dem Ende unserer Freundschaft, wenn er die beiden Medikamente nicht regelmäßig einnimmt. Später frage ich Babur noch, was eigentlich sein Boss macht. Denn die Rikscha ist nur geleast, jeden Tag muss der Fahrer an einen Mittelsmann einen bestimmten Betrag abliefern. Baburs Antwort, schön trocken: «Boss sitting.» Klarer kann man die Hauptbeschäftigung eines Inders, der einmal ganz klein war und nun größer ist als die ganz Kleinen, nicht beschreiben: Bosse sitzen. Während die anderen, die Nicht-Bosse und Nimmer-Bosse, laufen und schwitzen.

Am Morgen begebe ich mich in ein Büro der Stadtverwaltung, das für die Registrierung der Rikscha-Fahrer verantwortlich ist. Babur hatte mich darum gebeten, die Stimmung auszuhorchen. Schon wieder schwirren Gerüchte, dass die vierzigtausend abgeschafft werden sollen. Sie stünden im

Weg, verstopften die Straßen, der Lebensraum des Autos stehe auf dem Spiel, jetzt auch in Kolkata.

Ich komme zu früh. Als Belohnung darf ich Amitabh, dem Bürodiener, bei seinen ersten Amtshandlungen zuschauen. Das sind Erfahrungen, von denen man nicht lesen und hören kann, man muss dabei sein: Nach dem Schlürfen der ersten Teetasse mit dem Staubwedel über die Tische huschen. Die als Briefbeschwerer benutzten Glaskugeln hochheben und anpusten. Mit dem Staubrüssel elegant und abwesend in die Schubladen fahren. Zuletzt drei (von dreihundert) Papierstößen zubinden, so zubinden, als erteilte man ihnen die letzte Ölung, als ließe man sie kraft dieses Akts wissen, dass sie von heute an ruhen dürfen und nie wieder angefasst werden bis zum nächsten Weltuntergang. Wunderschön: Amitabh schwebt, mit Grandezza, mit unnachahmlichem Desinteresse bringt er sein Pensum hinter sich. Virtuos spart er Kräfte.

Das Büro füllt sich, auch jener von Babur erwähnte Mister Sachin trifft ein. Aber S. will mich gleich abwimmeln, verweist auf den «Deputy Commissioner of the Traffic Police», mit dem ich Kontakt aufnehmen könne. Ein Nebenmann wirft ein, dass der Vize-Bevollmächtigte im Urlaub sei. Dann eben den «Assistant Commissioner» kontaktieren. Er selber dürfe nichts ohne die Genehmigung besagter Herren verlautbaren. Gleichzeitig schiebt er mir vier Blatt zu, die ich ausfüllen soll. Sachin erklärt mir den Krieg, den Papierkrieg. Natürlich rechnet er damit, dass ich ihn verliere, vorzeitig erschöpft einknicke und verschwinde.

Als weißer Mensch darf ich mir einbilden, dass der «Office Counsellor» versucht, mir ein Bild funktionierender Bürokratie vorzuführen. Im selben Augenblick sehe ich mich als indischen Puller hier auftreten, abgerissen, barfuß, machtlos, schmiergeldlos, sprachlos und hustend.

Einen Tag verbringe ich im Goethe-Institut. In Indien heißen die deutschen Kulturzentren «Max Mueller Bhavan», benannt nach dem berühmten Indologen Max Müller, der sich nie hierhertraute, wohl immer in Sorge, seine Träume mit der Wirklichkeit konfrontieren zu müssen. So konnte er ein Leben lang Indien anbeten. Einmal bemerkte er: «Nach meinem Geburtslande Deutschland, das in meiner Jugendzeit selbst jugendlich und voller Ideale war, stand mir Indien und indisches Denken am nächsten und übte einen sehr besänftigenden Einfluss auf mich aus.»

Das gilt auch noch heute für jeden, der als Freund und Liebhaber das Land betritt. Das Besänftigende ist noch immer da, will nicht weichen. Die gerade beschriebenen Szenen stören, aber zerstören dieses Gefühl nicht. Trotz pyramidaler Defekte atmet Indien etwas, was jeden rührt, der für solche Botschaften empfänglich ist.

Ich darf zehn Stunden in der Bibliothek sitzen, schreiben und lesen. Obwohl sie an diesem Tag offiziell geschlossen ist. Der Bibliothekar weiß auf alle letzten Fragen eine Antwort, weiß er sie nicht, taucht er in Google ab und legt mir die Fundstücke auf den Schreibtisch. Wir sprechen deutsch. Ich bin immer voller Bewunderung, ja Begeisterung, für einen, der die Müh-Seligkeit auf sich nimmt, die bodenlosen Gemeinheiten der deutschen Sprache zu überwinden. So hartnäckig, so findig wehrt sie sich gegen jede schnelle Vereinnahmung. Ein Teil meiner französischen Freunde besteht aus Schwächlingen, deren Feuer für das Deutsche nach einem oder zwei Jahren erlosch. Sie scheiterten, verließen den Kurs, verloren die Liebe. Jetzt stottern sie «allemand», sie wissen nur von der Mühe dieser Sprache, von seiner Seligkeit wissen sie nichts.

Um 18.30 Uhr zeigt das Institut den halbstündigen Film «Howrah-Howrah». Der deutsche Regisseur ist auch anwesend. Howrah ist der Name eines der beiden riesigen Bahnhöfe von Kolkata. In die Filmgeschichte wird der Verursacher dieses Filmchens nicht eingehen. Auch wenn die dreißig Minuten «eleven awards» erhalten haben. Till Passow und seine zahlenstarke Crew lassen kein Vorurteil aus, das über Indien im Schwange ist: Ein Toter wird weggekarrt, Verletzte sind zu sehen, obdachlose Kinder, Ratten, keilende Passagiere, Krüppel, sogar die Zugansagerin ist blind, Subtext für den Zuschauer in Rüsselsheim, Ohio und Wladiwostok: «Damned India, sogar die Zugansagerinnen in diesem Land sind behindert!» (Ich recherchiere am nächsten Tag und erfahre, dass sich insgesamt sechs Personen diesen Job teilen. Die anderen fünf sind schrecklich normal, völlig unverkrüppelt. Aber ein gesunder Ansager gibt kein Bild her, taugt für kein Vorurteil, ist – in der Paint-it-black-Sprache des Films – gähnend langweilig.) Dass Passow hinter Plattform 3 kein Puff entdeckt hat, in dem Achtjährige Achtzigjährige bedienen, auch keinen Selbstmörder beim Sprung vom Dach erwischte, man nimmt es überrascht zur Kenntnis. Nicht ein Bild von der Magie, vom Geheimnis, vom Überlebenswitz Indiens taucht auf. Zweieinhalb Monate Recherche, einundzwanzig pausenlose Drehtage und immer auf der Suche nach einem Monster, nach einer Blutlache, nach einer Niederlage. Berge kreißten, und «Howrah-Howrah» kam zum Vorschein. Beispiel: Bei mehr als fünf englischsprachigen Zeitungen hätte es während der drei Wochen über hundert Schlagzeilen gegeben. Welche wird uns in Nahaufnahme beigebracht? Und nur sie allein? Die Folgende: «36 killed in train mishap in Rajastan». Rajastan liegt über zweitausend Kilometer von Howrah entfernt, aber der Betrachter soll wissen: «Na klar, in Indien knallen alle drei Tage die Züge ineinander.» Von den monumentalen Zahlen, mit denen Indian Railways täglich zu tun hat, kein Wort. Auch nichts davon, dass das Unternehmen im internationalen Vergleich gar nicht schlecht abschneidet. Natürlich nichts. Einer, der sich vorgenommen hat, die indische Welt als Inferno vorzustellen, der hungert geradezu nach solchen Überschriften.

Warum müssen Anfänger nach Indien kommen und von dem drängenden Bedürfnis heimgesucht werden, einen Film zu machen? Warum nicht ein, zwei Jahre das Sehen lernen? Damit man noch ein wenig mehr zur Kenntnis nimmt als die Oberfläche? Damit man nicht sofort von dem Wahn behext wird, die Wirklichkeit entdeckt zu haben? Warum nicht Zeit vergehen lassen, um die Augen von den Bildern zu desinfizieren, die man aus dem Westen mitgebracht hat? Fehlt diese Zeit, dann kommt der klägliche Betroffenheitsjournalismus zustande, der einem ganzen Land den Opferstempel aufbrennt.

«Howrah-Howrah» kann nur Erfolg haben, er bestärkt alles, was wir über Indien zu wissen glauben, ein echter Einluller, er bereichert mit keinem Widerspruch. Indien, die Hölle, Inder, die Gemarterten, basta. Das Werk eines Empörers, dem vor lauter Empören die Sehkraft abhanden kam, um das zu sehen, was wärmt, was vom Genie Indiens erzählt, von seiner maßlosen Kraft, in diesem maßlosen Chaos zu überleben.

Es ist, als würde man einen Menschen porträtieren und nur die abstehenden Ohren, die Senkfüße und Hämorrhoiden zeigen. Nicht die verführerischen Augen, nicht die eleganten Hände, nicht den sanften Blick.

Warum, noch ein Beispiel, traten die fünfzehn Geschäftsmänner und Angestellten in dem Film nicht auf, die vor vielen Jahren eine Fahrtgemeinschaft gründeten, um morgens und abends mit Humor und Gerissenheit ihren Vorortzug zu entern? Um jedem von ihnen einen Platz zu beschaffen. Und die, habe ich sie bei unserem Treffen richtig verstanden, die

Übung nicht als Drangsal empfinden, sondern als Sport, als Herausforderung, als Spiel. Wie konsequent, dass sie nicht vorkommen in «Howrah-Howrah». Sie sehen nicht elend aus, sie lachen.

In der anschließenden Diskussion äußere ich mein Missfallen. Das ist nicht mutig, die Widerrede kostet mich nichts, kein Mensch kennt mich. Ich erwähne das, weil mich bei meiner Kritik des Films wenige der anwesenden Inder unterstützen. Erst nachher, unten im Café, kommen mehrere Zuschauer auf mich zu und bestätigen ihr Unbehagen über das Gesehene. Es scheint, als wären sie zu scheu, um offen ihren Unmut zu äußern, um offen andere Ansichten über ihr Land einzufordern. Noch immer plagt sie dieser stumm machende Respekt vor den Aussagen des Weißen Mannes.

Während der Reise erhielt ich eine E-Mail, in der ein befreundeter Autor mich nochmals daran erinnerte, die Loreto Day School in Kolkata aufzusuchen. Er hat dort für zwei Kinder die Patenschaft übernommen, ich solle in seinem Namen ein paar Geschenke vorbeibringen. Ein feiner Laden, zweiundsechzig Lehrerinnen und vier Lehrer kümmern sich um die über fünfzehnhundert Mädchen und dreißig Jungen. Zwei Drittel davon kommen direkt von der Straße und aus den Slums der Umgebung. Hier lernen sie lesen, schreiben, Englisch, moderne Kommunikationsmittel nutzen und denken. Energie sprüht, das Geld scheint Erfolg versprechend angelegt, die Kleinen hüpfen und schreien in der Pause, im Unterricht sitzen sie und nehmen teil. Fast alle von ihnen schaffen den Weg ins College. Die Bilanz der Schule macht Mut. Eine Patenschaft garantiert dem Kind auch zwei tägliche Mahlzeiten, medizinische Versorgung, manchen sogar einen Schlafplatz. Die Leiterin, Principal Cyril, ist irisch und resolut, wohl auch erleuchtet, denn kein «Heide» wird mit katholischem Religionsunterricht gepiesackt.

Nur eines der beiden Patenkinder ist da, Puja, das Mädchen. Toofan, der Junge, besucht bereits eine weiterführende Schule. Da ich keinen Schimmer habe von den Sehnsüchten einer Vierzehnjährigen, schlage ich vor, gemeinsam mit Theresa, der scheuen, hübschen Lehrerin, einkaufen zu gehen. Das wird ein Erlebnis, für mich. Nach dem Suchen auf dem Markt kommen wir drei zurück ins Klassenzimmer, seltsamerweise hat das Mädchen den langen Weg über kein Wort gesagt. Jetzt zieht sie sich um und stellt sich mit den gekauften Schuhen und dem Kleid vor. Das Erlebnis ist ihre Freude. Sie kann nicht reden, weil sich freuen alle ihre Energie beansprucht. Jemanden zusehen, der für so wenig so dankbar ist, das ist ein Glück. Puja trägt ihre ersten neuen Schuhe und ihr erstes neues Kleid, beides spottbillig. Ich schaue auf das Kind und beneide es.

An meinem letzten Tag in der Stadt fahre ich mit dem Bus nochmals zur Howrah Station. Durch das Fenster sehe ich über einer Hauswand ein großes Schild: «Clinic for private diseases». Was ist das? Krankheiten für «private parts»? Sind Geschlechtskrankheiten private Krankheiten? Indisches Englisch verschafft nicht selten einen Anlass zum Ausschweifen, zum Dazudenken, was fehlt.

Gestern Abend stöberte ich noch in verschiedenen Buchhandlungen, wieder entdeckte ich in einer diskreten Ecke erotische Bücher ausliegen. Viel aufregender als die dümmlichen Eheberatungsschinken («Marriage and sex», wenn das kein Widerspruch ist) war der mit roten Buchstaben bedruckte Hinweis: «Please refrain from pouring over books on erotism.» Wahrscheinlich wird der Schriftzug dem Buchhändler gleich mit eingepackt, denn schon vor Jahren sah ich die genau gleiche Aufforderung: «Bitte ergieße dich nicht über die Erotikbücher», das ist so teuflisch zweideutig, aberwitzig und fidel formuliert, dass man dem Erfinder dieses Satzes nur gratulieren kann.

Beim Frühstück im Subway-Café des Bahnhofs lese ich in einer Zeitung eine Nachricht, die nicht freudiges Schluchzen, nur blanken Neid auslöst. Denn das Fieber erhitzt nun auch Indien: Allein die Ankündigung des neuen Harry Potters hat bei Amazon den größten Vorbestellungsrun der Buchgeschichte ausgelöst. Den Schreiber möchte ich noch finden, der solche Meldungen gefasst zur Kenntnis nimmt.

Fassungslos suche ich nach dem Aufenthaltsraum der Lokführer. Kaum stehe ich unter der Tür, winken sie mich herein zum Teetrinken. Sie bekommen nicht zehn Millionen Dollar Vorschuss, sie verdienen im Monat plusminus 15 000 Rupien, dreihundert Euro. Indische Eisenbahner sind eine besondere Rasse, sie hängen an ihrem strapaziösen Job, sie wollen keinen anderen. Wissen auch, so ergibt unser Gespräch, dass keine Heldentat, kein Gandhi, kein Nehru mehr zur Unabhängigkeit und nationalen Einheit beigetragen hat als indische Eisenbahnen und indische Eisenbahner. Denn erst durch die Möglichkeit zu reisen – zügiger zu reisen als mit dem Ochsenkarren – konnte das Verlangen nach Freiheit organisiert werden, konnten «freedom fighters» sich treffen, konnte die erste große politische Bewegung, der «Indian National Congress», gegründet werden. Schöne Ironie: Die Engländer finanzierten die ersten Schienen auch mit dem Hintergedanken, schneller Truppen und Waffen von einem (rebellischen) Ort zum nächsten zu transportieren. Um jedweden Aufstand unverzüglich zu ersticken. Der Hintergedanke entpuppte sich als Falle.

Mit einem Donner ist die Teepause zu Ende, der Raum wackelt, alle stieben davon und wetzen die Treppen hinunter.

Lokführer kennen wohl solche Geräusche, sie identifizieren sie umgehend: Irgendwo hat es gekracht. Wir müssen nicht suchen, unten angekommen rennt jeder Richtung Platform One, von dort dringen wüste Schreie herüber. Passagiere schreien, Polizisten schreien, Sanitäter schreien. Ein Vorortzug hat die beiden Stahlpuffer am Ende der Gleise gerammt. Die Waggons stehen noch, nur der «No men allowed»-Wagen entgleiste und liegt schief. Keine Tragödie, aber zwanzig Verletzte, vor allem Frauen, drei davon krankenhausreif. Niemand in Lebensgefahr.

Höchst gefährdet scheint allein der Fahrer. Bestätigt sich der Verdacht, so darf sich der Mann ab morgen nach einem neuen Arbeitgeber umsehen. Mister B., so erfahre ich vom Station Master, versuchte zuerst, die Schuld auf fehlerhafte Bremsen abzuschieben, gestand aber später einen «momentary lapse of concentration on duty». Das ist der offizielle Wortlaut für: «Ich habe ein paar Sekunden gepennt.» Ich denke sogleich an den Filmemacher Till P. und «Howrah-Howrah». Mit Wonne hätte er die Kamera auf die blutigen Köpfe gehalten. Und wir hätten wieder nicht erfahren, dass der letzte Unfall Jahre zurückliegt.

Ich bleibe, streune rüber zu Wheeler's, dem typischen Buchladen auf vielen Bahnhöfen Indiens. A. H. Wheeler soll hochleben. Der Engländer hatte Anfang des letzten Jahrhunderts die Idee, der Liebe zum Buch in diesem Land auf die Sprünge zu verhelfen. Es fing damit an, dass er mit Ketten befestigte Bibeln auslegte. Als Beistand für Kolonialisten, zur Erbauung und Rechtfertigung ihrer Raubzüge, der weiße Gott als der gute Gott, als Bollwerk gegen den Rest der (indischen) Götterwelt, den Götzen. Heute ist das Programm aufregender, wenn auch nicht topaktuell: Günter Grass' «Hundejahre» liegen aus, Márquez' «Hundert Jahre Einsamkeit», die Sonette Shakespeares («Then happy I that love and am beloved / Where I may not remove nor be removed.»), V. S. Naipauls kalte Abrechnungen mit dem Kontinent, daneben nationale und internationale Zeitungen und Zeitschriften, am zahlreichsten die Film-Magazine. Detaillierteste Einblicke in das Leben der großen und größten Bimbos Bollywoods dienen als Placebo für die Millionen und Abermillionen, die von nichts anderem träumen, als eine schöne reiche Bimba oder ein schöner reicher Bimbo zu werden.

Unter dem Ladentisch warten auch ein paar gedruckte Schweinigeleien. Wer einmal fragt, bekommt nichts, erst beim dritten Mal hält man den Kunden des Vertrauens für würdig. Ich frage dreimal und bekomme ein sauber versiegeltes Schmuddelheft, auf dessen Rückseite die Stadt Kolkata offiziell erklärt, dass es sich um «obscene literature» handelt. Erregende Vorstellung, wie hauptamtlich dazu abbestellte Beamte die Heftchen nach «Stellen» durchhecheln.

Ich gehe mich wiegen, ich mag diese mannshohen, wild blinkenden Waagen, die für eine Rupie ein Ticket auswerfen, auf dem das Gewicht und ein Spruch stehen. Viermal kann ich die Kilozahl nicht entziffern. Das ist sicher Absicht, ich drehe mich um und sehe, dass nur Dicke sich anstellen. Dünne scheinen sorgloser. Eine taktvolle Waage, sie will keinem wehtun. Auch die Worte heilen. Einmal darf ich lesen: «Du liebst die Freiheit, Erfahrung und das Nachforschen», einmal: «Du siehst gut aus, du bist sensibel und erfolgreich.» Keine Silbe, der man widersprechen will. Nach mir steigt ein Schwergewicht auf das Trittbrett. Sein Aufzug und der Zustand der Zähne lassen vermuten, dass er die Höhepunkte seines Lebens bereits hinter sich hat. Ich darf zuschauen, gemeinsam lesen wir neben den unleserlichen Kilos: «Du siehst gut aus, du bist sensibel und erfolgreich.» Wir lächeln uns an, so sind wir eben beide gut aussehend, sensibel und erfolgreich.

Ein wunderlicher Tag, ich nehme die Tram, um in die College Street zu fahren, das Studentenviertel. Wie lädiert die Stadt aussieht. Ich stelle mir einen Menschen aus einer modernen europäischen Metropole vor, der noch nie in Indien war und am ersten Tag seines Besuchs mit geschlossenen Augen hier die Mahatma Gandhi Road entlangfährt. Und die Augen öffnet und denken muss, dass der Ort vor kurzem ausgegraben wurde, hervorgeholt unter tausend Jahre alter Lava. So fassadenschwarz, so gedellt, so giftvernebelt liegt Kolkata links und rechts hinter den schmutzigen Scheiben. Verblüffend, wie oft dieser Ort schon am Boden lag und wie oft er aufstand und in den Ring zurückkehrte. Hier verfügen sie über diese bärenstarke Lust, nicht aufzugeben. Auch jetzt nicht, als nach dreihundert Metern die Räder der Straßenbahn aus dem Gleis springen und tonnenschwer daneben liegen bleiben. Alle steigen aus und gehen leichten Schritts weiter.

Die letzte Stunde sitze ich im India Coffee House, das ist ein Privileg, denn hier lässt sich ein Phänomen beobachten, das sie «Adda» nennen: Die schmalen, feingliedrigen Bengalen lieben das Plaudern, das Konversieren, das Laut-Denken und Gegendenken. Vier oder fünf oder sechs sitzen an einem Tisch und ziehen das Florett. Bisweilen höre ich einen rufen: «Please, hesitate!» Damit es beim Florett bleibt, bei den souveränen Sticheleien, nicht gehässig wird, nicht vulgär. Der Preis der Leichtigkeit: Irgendwann reden die Bengalen zu viel, die vielen Wörter besiegen die Taten, nicht oft stehen sie auf und packen an. Sie stehen auf und gehen mit dem triumphalen Gefühl auseinander, darüber gesprochen zu haben. Tatmenschen sitzen hier nicht.

Zum Sealdah-Bahnhof. Ich finde blütenweißes Klopapier, aber kein betretbares Klo. Dafür begegne ich dem alten, zart lächelnden Gobinda, der mir zwei letzte Spiegeleier und Tee bringt. Mit einem Glücksgefühl verlasse ich Kolkata. Das scheint absurd, aber die Stadt beschenkt einen. Obwohl ich augenblicklich in einer Bruchbude sitze, die nur hier als Restaurant taugt. Wieder fühle ich mich wie ein Kamel, das seine Oase findet: Indien. Und sich die Höcker voll säuft. Mit Freundlichkeit, mit Leichtsinn, mit Verzeihen. Hier füttere ich mein Herz, mit Menschenliebe, mit Liebe zum Leben.

Nachtfahrt nach New Jaipalguri. Vor unserem Sleeper-Abteil hängt ein Schild, das den Schaffner an seine Pflichten erinnert, eine davon: Nachts die Zwischentür abzuschließen, um «Bettler, fliegende Händler und unbefugte Personen» fern zu halten. Einen Teufel wird er. Er lädt sie ein, sicher drücken sie zwischendurch etwas an ihn ab. So kommen alle Unbefugten auch an meinem Bett vorbei. Wie Mahesh, der Mann mit den drei Kalaschnikows. Sie schießen nicht, sie spritzen Wasser. Es dauert, bis ich den Hausierer davon überzeugen kann, dass ich unbewaffnet durch sein Land reisen will. Das kleine Mädchen mit dem Zettel darf auch nicht fehlen, in der ersten Zeile steht, dass es sich um die «Nachricht eines Christen» handelt. Die christliche Familie wurde von der Pest hingerafft. Am Ende der biblischen Lügenmär steht: «Spenden in Höhe von 1000, 500, 400 und 100 Rupien werden akzeptiert.» Diesen Ton mag ich nicht, ich gebe nichts.

Ich habe keinen Schlafsack und keine Decke, habe nie wahrhaben wollen, dass die Nächte immer kälter werden. Logisch, wir fahren nach Norden, Richtung Himalaya. Dennoch wird die Nacht heiter. Weil irgendwann Schreie an mein dösendes Ohr dringen, die zu einem Ereignis gehören, wie es wohl nur auf dem Subkontinent stattfinden kann. Ich wache auf und merke, dass wir stehen.

Die Passagiere der ersten Klasse schreien. Mit Taschenlampen und in Bademänteln eilen sie entrüstet über die Plattform eines Bahnhofs. Schuld an der Entrüstung sind ein paar hundert Kakerlaken, die diesmal über die Nobelklasse herfielen, um sich zu mästen. Die Herrschaften verweigern die Weiterfahrt, wenn nicht «unverzüglich» gehandelt wird. Das will sich Indian Railways nicht zweimal sagen lassen. Der Station Master schickt drei Mann in die nahe Stadt, mit drei Plastiktüten voller «Cockroaches-Killer» kommen sie zurück. Vom Drang getrieben, es dem Ungeziefer und den Bahnkunden zu zeigen, stürmt das Personal die infizierten Quartiere und sprayt die Ruhestörer zu Tode. Weiterfahrt.

Mittags in New Jaipalguri, dann mit dem Bus nach Darjeeling. Das Vehikel wird so voll, dass man nach der Landschaft spähen muss, sie irgendwann für Sekunden zwischen zwei durch die Fliehkraft einer Kurve auseinander getriebenen Menschenleibern erhascht. Ob Bus oder Zug, sie platzen hierzulande. Diese physische Bedrängnis passt zu einem vor vielen Jahren angestellten Kalkül der Eisenbahn-Direktion, die Fahrpreise nicht eher zu senken, «unless more people are born». Also nur dann die Tickets billiger zu verkaufen, wenn es mehr Inder, mehr Passagiere gäbe. Dieses Problem scheint behoben. Gab es zu Zeiten dieser Überlegung über hundert, so haben sie jetzt über tausend Millionen Inder. Indien kann auch Angst machen.

Nach einundachtzig Kilometern und sechs Stunden erreichen wir jenen 2134 Meter hoch gelegenen Ort, den die Engländer 1835 «entdeckten» und als Fluchtpunkt vor der Hitze der Ebenen requirierten. Ein Klima, wie vom Himmel gefallen, mit dem Himalaya als Kulisse. Die aus China eingeführten Teepflanzen wurden als Darjeeling-Tea weltberühmt. Inzwischen ist aus dem Sanatorium für erschöpfte Krieger eine Betonbunker-Ansiedlung geworden, behaust von Menschenmassen aus Indien, Nepal und Bhutan, die frenetisch daran arbeiten, früher als der Rest der Menschheit in Dreck und Krach zu versinken. Gäbe es hier nicht ein Wunder an technischem Know-how zu bestaunen, das nebenbei noch die Sehnsucht nach einem romantischen Lebensstil weckt, nicht ein Meter Umweg ließe sich rechtfertigen.

Matt von der langen Reise tapse ich durch die Dunkelheit, ich brauche einen Schlafplatz. So niedrig sind die Temperaturen hier, dass sie nachts sogar die Zapfsäulen einwickeln. Im Hotel ist ein Extra-Posten für den «heater» fällig, ein schmalbrüstiges Gerät mit einer Röhre, die glimmt. Die vor Kälte feuchten Laken und Decken machen das Leben nicht leichter. Dass sie nach den letzten zehn Leibern riechen, die vor mir durch dieses Bett mussten, gäbe eher Anlass zu einer Preisreduzierung. Seit heute Morgen belle ich wie Babur, der mir sicher ein paar seiner Bazillen überlassen hat. Dazu ein Schmerz unter der linken Armbeuge, ein Muskelkrampf vom Rucksacktragen. Er verbietet tiefes Atmen, ein Stechen geht durch die Brust. Kopfweh. Bis zum Hals eingepackt, unbeweglich und keuchhustend liege ich im Bett und fliehe in die Träume vom Sonnyboy, der ich gern wäre: Der mit braun gebrannten Unterarmen und dem Fernfahrerwind im Haar die Welt umrundet. Jederzeit ein schnelles Lächeln auf den Lippen, unheilbar gesund, in alle vier Himmelsrichtungen strahlend. Das tatsächliche Leben ist anstrengender. Kurz vor Antritt dieser Reise kurierte ich meine letzte Krätze aus. Von der vorletzten Reise. Davor Malaria, davor Dengue-Fieber. Mein Körper scheint so zäh wie verletzlich. Am Ende meines Mitternachtstraums überkommt mich Dankbarkeit. Ich will kein Sonnyboy sein, ich will die Wunden.

Ich kann nicht schlafen. Höre ich auf zu bellen, bellen die Hunde. Ich mache es wie viele Schlaflose, ich lese. Das war eine gute Idee, denn im *Indian Express* steht ein Artikel, der beweisen will, dass Fernsehen nicht nur doof macht, sondern auch fett. Er zeigt den Zusammenhang zwischen den verhockten Stunden vor der Glotze und der proportional dazu steigenden Gewichtszunahme. Die Meldung ist ein alter Hut, selbst die Glotzer wissen das. Neu und revolutionär ist das zweite Ergebnis der Studie, die sicher ein Buchliebhaber finanziert hat: Sie will beweisen, dass Lesen – neben der Zufuhr von Geist – sogar zu einer leichten Kalorienabnahme führt. Denn denken verbrennt Energie.

Von der Rezeption kommt ein lauter Brüller, ein Stadion brüllt. Nachtportier Virendra schaut noch immer fern, immer – seit 14 Uhr, erzählte er mir beim Einchecken – Kricket. Jenes erratische Gehampel, bei dem je elf blitzweiß gekleidete Herren nacheinander antreten und einen kleinen Lederball auf einen anderen, blitzweiß gekleideten Herrn werfen. Unergründliches Menschenherz.

Ab fünf Uhr morgens dringen die Geräusche vom nahen Bahnhof ins Zimmer, Loks werden rangiert, deutlich ist das Ablassen von Dampf zu vernehmen. Tucholsky schrieb einmal: «Und nachts höre ich die Lokomotiven pfeifen, sehnsüchtig schreit die Ferne, und ich drehe mich im Bett herum und denke: Reisen …» Das denke ich im Moment nicht. Ich weiß plötzlich wieder, dass die Sehnsucht die Sehnsucht ist und die Wirklichkeit die Wirklichkeit. Denn wie Kurt liege ich im Bett, aber ich träume nicht vom Fahren in einer Eisenbahn, sondern vom Liegenbleiben unter Wolldecken, da hundemüde, da schlecht geschlafen, da gemartert von der Aussicht, in der Kälte draußen nach einer Einreiseerlaubnis für Sikkim rennen zu müssen. Nicht «ach, reisen», nein, jetzt gerade «ach, liegen bleiben».

«Sadhana», so hämmerte mir einer meiner Gurus ein, wäre ein Grundpfeiler des Glücks. Das Hindiwort heißt Disziplin. Um halb neun wanke ich an dem schlafenden Virendra vorbei ins Freie. Das erste Glück ist die Zeitungsverkäuferin. Was für ein schönes Gesicht. Sofort denke ich, dass sie jemanden vertritt. Aber sie vertritt niemanden, sie ist immer die Verkäuferin. Eine Frau mit diesem Kopf sitzt auf dem staubigen Boden, eingekeilt zwischen Gemüseständen und Hundekot, und verkauft Zeitungen. Ich erwische mich bei dem Gedanken, dass jemand mit solchen Augen, solchen Backenknochen, solchen Lippen ein Recht auf ein anderes Schicksal hat.

Disziplin, versprach der Guru, würde mit Freude belohnt. Wieder hat er Recht, ich finde das Keventer's Café, ich sitze auf der Terrasse, der Himmel geht auf, gelb strahlt es auf mein Continental Breakfast. Einen Tisch weiter sitzt Sean, der Waliser, er arbeitet hier in einer Hilfsorganisation, die sich den fürchterlichen Namen «Mercy Corps», Barmherzigkeits-Truppe, zugelegt hat. Dahinter jedoch steckt eine patente Idee: In die Dörfer gehen und die Einwohner fragen, was sie am dringendsten brauchen. Nicht den Boss fragen, denn der würde als erstes auf eine Straße vor seiner Haustür drängen. Hat sich das Dorf geeinigt, fangen sie an. Mit dem Bau eines sauberen Brunnens, einer Sanitätsstation, eines neuen, wasserdichten Dachs für die Schule.

Die indische Bürokratie hat auch Erbarmen. Ich muss nur zweimal durch die halbe Stadt wandern, um die nötigen Stempel einzusammeln. Noch barmherziger: Das Visum kostet nicht eine Rupie. Morgen darf ich los.

Ein paar Kilometer nördlich von Darjeeling liegt das Himalaya Mountaineering Institute. Ich mache mich auf den Weg, ich will bewundern. Das habe ich mit Thomas Mann, dem Meister, gemein, der in seinen Tagebüchern schrieb: «Wenn Sie mich fragen, welche Leidenschaft, welche gefühlsmäßige Verbindung ich mit den Manifestationen der

Welt für am schönsten, segensreichsten, fruchtbarsten, unverzichtbarsten halte, dann würde ich ohne Zweifel antworten: die Bewunderung.» Wieder so ein Satz, den ich sorgfältig einpackte und verstaute. Um ihn immer dann hervorzuholen, wenn die Missgunst nagt, wenn ich das Außergewöhnliche beim andern übergehe.

Am Rande eines Zoos, paradiesisch hoch über dem grellen Lärm gelegen, steht das Institut. Hier werden Bergfexe ausgebildet. Das Museum ist öffentlich zugänglich. Einer der Schwerpunkte ist die erste Everest-Besteigung am 29. 5. 1953. Als Erste ganz oben: der Neuseeländer Edmund Hillary und der Inder Tenzing Norgay, der später auch die Führung dieses Instituts übernehmen sollte. Kleine Schrifttafeln sind ausgehängt, sie weisen darauf hin, was es braucht, um zur Spitze zu gelangen. Natürlich «joy of discovery», schon das Kind sollte von dieser Freude am Entdecken besessen sein. Auf «flair of language», wie überraschend, wird ebenfalls bestanden: Gespür für Sprache, auch das muss sein. Hinreißend.

Reinhold Messner wird ausführlichst erwähnt, seine Großtaten gebührend vorgestellt. Der Mann hat mich immer fasziniert. Wie jeder war ich überwältigt von den überirdischen Leistungen, diesem rücksichtslosen Mut, dieser Fähigkeit, alles zu fordern, allen zu widersprechen, für alles zu bezahlen: Mit Todesangst, mit abgründiger Einsamkeit, mit weggefrorenen Zehen. Die nächste Faszination: Keiner war öfter in der Nähe der Götter und keiner hat zäher an seinem Ego festgehalten. Messner war immer beides: Bergsteiger-Weltmeister und hinterher wieder Streithansel, Neidhammel, schriller Rechthaber. Sobald der Tiroler auf Meereshöhe ankam, schrumpfte er zum geifernden Zeloten, der alles Strahlende einbüßte und zu keiner Geste des Teilens fähig war. Als Versager Großmut zu beweisen, ist ein anstrengendes

Geschäft. Aber für Inhaber von Weltruhm wäre doch nichts einfacher, als ein paar Ruhmesblätter anderen zu überlassen. Nicht so Messner. Er hat sich mit fast jedem angelegt. Kein Swing in dem Mann, kein leichtes Siegerlächeln, kein lässiger Satz der Freude über fremde Taten.

Ein paar Schritte neben dem Museum steht Tenzings Samadhi, der Grabstein, unter dem seine Asche aufbewahrt ist. Tage nach seinem Tod wurde er hier am 14. Mai 1986 eingeäschert. Daneben ein Denkmal, auf der Plakette ist zu lesen: «... unveiled by his companion and friend Sir Edmund Hillary.» Man hätte gern gewusst, ob sich nach Messners Leben jemand findet, der einen Gedenkstein enthüllt, auf dem jemand gemeißelt hat: «... enthüllt von einem Gefährten und Freund». Oder werden sich, wie Messner selber meint, «nicht wenige freuen über meinen Tod»?

Mit einem Jeep nach Gangtok, der Hauptstadt von Sikkim, vormals unabhängig, 1975 von Indien annektiert. Das war gegen jedes Völkerrecht, aber die drohende Aussicht, dass das buddhistische Königreich von China überrannt und anschließend – siehe Tibet – mit Mord und Totschlag befriedet werde, rechtfertigte die Invasion. Von dem Tagesausflug bleibt die Erinnerung an den Blick auf einen tatsächlich funkelnden Fluss, Teetsa, der noch immer unversaut durch ein wildes Land rauscht. Und der Blick in die indisch-nepalesische Seele meines Fahrers.

Wir befinden uns auf einer abschüssigen Geraden, als ich mir einbilde, dass unser Wagen an einem Menschen vorbeifährt, der mitten auf der Straße liegt. Chauffeur Dubby steuert ungerührt weiter, als läge nichts auf der Straße. Es dämmert bereits, möglich, dass ich die Person mit einem belanglosen Gegenstand verwechselt habe, auf jeden Fall verlange ich, dass wir stoppen und nachschauen. Dubby spricht englisch

133

und versteht nichts, ja beschleunigt eher, als zu bremsen. Als er nach der dritten Aufforderung keine Anstalten macht, meiner Bitte nachzukommen, ziehe ich den vereinbarten Fahrpreis aus der Tasche und drohe, nicht eine Rupie zu zahlen, wenn er nicht umgehend links ranfährt. Die Drohung wirkt, wir halten. Er wartet, zurückfahren will er auf keinen Fall, ich mache mich auf den Weg.

Schon von weiten sehe ich, dass keiner hält, alle tun, als wäre hier nichts als eine abschüssige Gerade. Ich habe mich nicht getäuscht, ein Mann liegt auf der Straße, eindeutig tot, die toten Augen, kein Puls, die bereits steifen Arme. Ein armer Teufel, mittleres Alter, schäbiges Hemd, schäbige Hose, ohne Schuhe. Ich finde keine äußere Verletzung, nur getrocknetes Blut am rechten Mundwinkel. Unfall? Überfahren? Opfer eines Verbrechens? Ich durchsuche die zwei Taschen, nichts. Ich wickle Zeitungspapier um seine Handgelenke und ziehe die Leiche zur Seite. Ich weiß, dem Mann ist nicht mehr zu helfen. Und ich weiß, dass ich so nicht enden will. Von den Händen eines Wildfremden in den Straßengraben geschleift.

Weiterfahrt. Ich verachte Dubby wegen seiner unfassbaren Trägheit. Nach einer Viertelstunde, in der wir uns anschreien, verstehe ich seine Trägheit besser. Kümmerte er sich um die Leiche, verständigte er etwa die Polizei, nichts als «Probleme» würden auf ihn warten. Ein Teufelskreis würde sich auftun, die Polizisten würden ihn schuldig erklären und nicht eher freisprechen von seiner nicht begangenen Tat, bis er das geforderte Schweigegeld ausgehändigt hätte. Um etwas zu verschweigen, wofür er keine Verantwortung trägt. Ich als Ausländer könne dünkelhaft den Moralapostel spielen, mir drohten keine Konsequenzen.

Wir beruhigen uns, es gibt sogar Anlass zu Gelächter. Bei einem Stopp vor einem Kiosk mit warmer Küche steht unübersehbar: «Nahrungsaufnahme nur auf eigenes Risiko!», ein paar haarige Kurven weiter wurde groß auf eine Felswand gepinselt: «Reach home in peace, not in pieces!» Vollständig erreichen wir Darjeeling.

Dubby schenkt mir noch die Adresse des New Elgin Hotel, des elegantesten Hauses am Ort. Würde der Rezeptionist verlangen, dass ich auf Knien näher käme, ich gehorchte umgehend. Mitten in dieser Wüste steht Schönheit, ein Bauwerk, das zur Natur, zum Himmel, zur Seele passt. Ich folge nur dem Geräusch von knisterndem Holz und lande im Kaminzimmer. Das Personal scheint so froh wie ich, die Saison läuft schlecht, die Angst vor Terroranschlägen, so schreiben die Zeitungen, dämpfe die Lust auf Indien. Alles gehört mir allein. Drei Stunden lang darf ich ins Feuer starren, lesen und Tee trinken. Und an mein Bett im anderen Hotel denken, das Iglu, die Strafe für so viel Glück.

Darjeeling wird jede Nacht schwärzer, auf dem Nachhauseweg muss ich zeitweise mit einem Stock das Terrain vor mir abklopfen, man sieht nur Schwarz. Ich komme an einen Eierverkäufer vorbei, Spiegeleierverkäufer. Er hat seine eigene Gaslampe mitgebracht. Es ist eisig kalt, und in einem Eck steht ein Mann und brutzelt Spiegeleier für jeden, der Hunger hat. Mit einem freundlichen Lächeln legt er sie zwischen zwei Brotfladen.

Am nächsten Morgen renne ich, als ich mein Zimmer verlasse, mit dem Kopf gegen den niedrigen Türrahmen. Der Schmerz scheint ein letzter Versuch, die Annäherung an das Glück zu verhindern. Wieder hörte ich das Pfeifen. Natürlich hat Tucholsky Recht, nicht vieles klingt so verführerisch wie der Pfiff einer Lokomotive. Von hier bis New Jaipalguri rattern die letzten drei Züge des Landes, die von Dampfloks gezogen werden. Ihre Effizienz ist miserabel, ihr Glücksquotient enorm. Im Dezember 1999 erklärte die UNESCO die Darjeeling Himalayan Railway zur «World Heritage Site», zum Weltwunder. Wie die Pyramiden von Gizeh, wie Angkor in Kambodscha, wie die Seineufer in Paris. Der geniale Schachzug soll das Heiligtum retten vor den Klauen der Aufrechner und Niederreißer.

Zum Bahnhof, Ajax, die hundertachtzehn Jahre alte Lok wird startklar gemacht. Zwei «coal-men» kümmern sich um die Kohle, einer sitzt obendrauf und zerkleinert sie, einer schaufelt sie in den Ofen, zwei «brakes-men» checken die Bremsen und hantieren mit Ölkännchen, Lokführer Mister Bishnas, ein Bengale, tutet, und Mister Raj, Ghurka und erster Assistent, lässt Tee kommen und erklärt alles. Auch die Funktion der Bremser, die sich nach Abfahrt auf die drei Waggons verteilen und per Hand die Bremsklötze festziehen, sollte einer der Wagen sich auskoppeln und rückwärts zu jagen beginnen. Die Funktion des dritten Bremsers wird Mister Raj selbst übernehmen. Wichtig noch das Kabel, das sich über die drei Dächer bis vor zur Lok spannt und als teuflisch raffinierte Sicherheitsmaßnahme funktioniert: Beim Auseinanderdriften der Wagen dehnt sich das Seil und löst ein Klingelzeichen aus. Um den Bremser aufzuwecken, für den Fall, dass er das Auskoppeln und Lossausen Richtung Abgrund verschlafen haben sollte. Koppelt sich nichts aus, dann jagt niemand, die Durchschnittsgeschwindigkeit beträgt dreizehn Kilometer pro Stunde, bei formidabler Tagesform gleich sieben Kilometer schneller. Bergauf nicht ganz so schnell.

Um 9.55 Uhr legen wir los. 87,48 Kilometer, 908 Kurven, 550 Brücken, Asiens höchste Eisenbahnstation, 7008 Feet Höhenunterschied und 122 Jahre Geschichte liegen vor uns. Da noch Tau auf den Schienen glänzt, nehmen ab sofort die beiden «sandmen» ihre Position an der Spitze der Lok ein und streuen Sand auf die Eisen. Damit der Zug nicht ausrutscht, damit wir nicht mit Vollgas an der nächsten Biegung zerschellen.

Fährt die Eisenbahn nicht, sind die Gleise besetzt. Darum rennen jetzt Hausfrauen aus den Häusern und räumen ihre Wäscheständer auf die Seite, Gemüsefrauen holen ihr Gemüse ein, Hunde trollen sich, ein Automechaniker platziert seine zwei frisch gestrichenen Autotüren woanders, ein Frisör verrückt kurzfristig seinen ambulanten Arbeitsplatz, bevor eine Zigarettenlänge daneben der «toytrain», der Spielzeug-Zug, vorbeizieht. Die Geranien auf den Fensterbrettern streifen mein Gesicht, als ich es hinausstrecke, eine Großmutter reicht mir von ihrem Balkon aus die Hand. Nach vierhundert Metern der erste Stopp, ein Blechrohr wird ausgefahren, Wasser für den Dampf eingelassen, weiterkeuchen. Schulkinder laufen nebenher, springen auf, springen ab, lassen sich zurückfallen, preschen hinterher. Immer wieder überquert der Zug die einzige Straße, ununterbrochen darf Mister Bishnas tuten, er hat immer Vorfahrt, ein Gefühl von Triumph wird ihn wohl überkommen beim Anblick nervös trommelnder Autofahrer, die in ihren augenblicklich bewegungslosen Vehikeln mit ansehen müssen, wie der kleine Bengale ihnen im Schneckentempo den Weg abschneidet.

In der vierten Kurve sehe ich ihn stehen. Einen Zeitgenossen, wie man ihn in einem Menschenleben dreimal, vielleicht viermal, geschenkt bekommt. John, der Schotte, der Liebhaber, der Verrückte. Schon vorgestern beobachtete ich ihn am Bahnhof von Darjeeling, herumschleichend und alles fotografierend, was mit seiner Liebe und seiner Verrücktheit zu tun hat: «These marvellous steamloks!» Seit vier Jahrzehnten kommt er immer wieder in diese Weltgegend. Andere suchen nach Gott, John, der Achtundsechzigjährige, sucht nach Dampf, nach Eisen, nach Bildern, die ihn versöhnen.

Alle vierhundert Meter ist der Umtriebige bereits vor Ort und hält seine Hasselblad 503 im Anschlag, mal mit Stativ, mal ohne. Da er seinen eigenen Fahrer hat, ist er Hase und Igel zugleich, überall schon da, die nächsten achtzig Kilometer schon an Ort und Stelle, auf einem Hügel, auf einem Dach, auf einer Brücke, hinterm Gebüsch, im Kofferraum seines Wagens, als Trittbrettfahrer vorne bei Mister Bishnas. Wie Tatis Monsieur Hulot sieht er aus, wunderbar staksig, wunderbar lang, wunderbar zerstreut und hochkonzentriert. Es wird behauptet, dass Spinner länger leben, intensiver leben als der Rest der Welt. Das glaubt man sofort. Weil Leidenschaft sie peitscht, weil sie immun zu sein scheinen gegen das zähe Gift des Alltags. Plötzlich denke ich, dass ich mich im Alter wie John aufführen will, der mit kindlicher Freude sein Feuer nährt, einer, der nervös einschläft und nervös aufwacht: Weil die Welt wartet, weil ihm schon wieder einfällt, was er alles noch nicht begriffen hat.

Man wäre nie auf die Idee gekommen, aber die Langsamkeit der Fahrt verschafft die vehementesten, die schaurigsten Gefühle. Weil wir tonnenschwer und im Schritttempo an Abgründen vorbeiziehen und man nur weiß, dass sie abgrundtief weit unten enden, nicht aber, ob die hundertzweiundzwanzig Jahre alte Brücke oder die hundertzweiundzwanzig Jahre alte Befestigung des Erdreichs noch einmal hält, weil man gleichzeitig längst verinnerlicht hat, dass Indian Railways einen eher philosophischen Umgang mit so neuzeitlichen Begriffen wie Sicherheitsstandards und Materialmüdigkeit pflegt. Über Stunden besetzt eine Mischung aus Ekstase und Angstschüben meinen Magen. Natürlich Ekstase. Weil jeder, der hier abstürzt, zur Entschädigung einen letzten sensationellen Blick auf einen Wasserfall oder Indien oder Bhutan oder den schneeweißen Kanchenjunga genießen darf.

In Gayabari werde ich abgelenkt, weil eine sehr junge Frau und ein sehr junger Mann einsteigen. Bald kommt sie auf mich zu und fragt, ob wir miteinander reden könnten. Das ist nicht besonders mutig; einem Fremden passiert immer wieder, dass jemand auf ihn neugierig ist und nebenbei noch sein Englisch ausprobieren will. «Angel» (so stellt sie sich tatsächlich vor) muss nichts ausprobieren, sie beherrscht die Sprache. Wir reden. Der junge Mann ist ihr Bruder, bisweilen schaut sie zu ihm zurück, wenige Minuten später werde ich wissen, warum. Die Frau hat drei Trümpfe, sie ist jung, sie ist schön, sie weiß, was sie will: In Kürze Gayabari verlassen und in Europa studieren. Auch das ist nicht mutig, ihre Eltern sind wohlhabend.

Die Gesichter der Nepalesinnen scheinen mir schöner als die der Inderinnen. Nein, das ist es nicht, Schönheit ist das falsche Wort, eher: Die nepalesischen Gesichter sind sinnlicher, nicht so reserviert, sie scheinen mir «moderner», nicht so keusch und weltabgewandt. Nach sechs Kilometern und einer knappen Stunde, kurz vor Erreichen von Tindharia, ist es so weit. Angel wirft einen letzten Blick zurück, beugt sich nach vorn und schlittert mit ihren Lippen über meinen Mund. Von links nach rechts, damit es, so vermute ich, von hinten aussieht, als würde sie nicht küssen, nur in mein Ohr flüstern. Dann steht sie auf und steigt aus. Das war jetzt mutig. Auch wenn ich weiß, dass der Kuss nicht mir galt. Einmal fragte sie mich, wo ich lebe. Als sie es wusste, entstieg ihr ein Seufzer. Der Kuss war für Paris.

Kurz darauf entgleisen wir. Keine Felswand in der Nähe, nur Busch und Bäume, eine Bagatelle. Schuld sei ein Autofahrer, der sich noch vorbeizwängte, um einen Zusammenstoß zu verhindern. So half nur eine Vollbremsung. Was wiederum die Räder der Lok so erschreckt haben muss, dass sie heraussprangen. Mister Bishnas gibt mit Umsicht Anweisungen, die gewaltige Brechstange kommt zum Einsatz, mit Hilfe von erstaunlichem Muskeleinsatz steht Ajax um 16.10 Uhr wieder auf den Schienen. Nach dem Neustart höre ich eine andere Version, sie kommt von Mister Swapan, einem Inder und Indienhasser. Der Dicke sitzt jetzt da, wo die schöne Leichte saß. Er verweist auf den jämmerlichen Zustand der Gleise. Klarer Fall, man habe den Autofahrer erfunden, das typische Gewäsch staatlicher Bediensteter, um nicht das Gesicht zu verlieren: «They want to save their skin.»

Mit gehöriger Verspätung erreichen wir New Jaipalguri. Das ist noch immer zu früh, denn der Zug nach Varanasi hat zuerst vier, dann sechs, dann zehn Stunden Verspätung. Unverdrossen meldet der Lautsprecher ein «fog problem», ein Nebelproblem. Eine Nacht in einem indischen Wartesaal, das fördert die Imagination. Ich leere den Rucksack, um mich zu bedecken, sogar das Moskitonetz muss mich wärmen. Ich belle wieder, die Kälte beißt wieder. Um mich zu amüsieren, lese ich die «matrimonials», die seitenlangen Heiratsanzeigen in den Wochenendausgaben. In nichts entspreche ich dem Traum der Inderin. Die bescheidenste will nur einen «cleanshaved man», einen sauber rasierten Mann. Nicht einmal das bin ich.

Eine Nacht ist lang. Später wandere ich den Bahnsteig entlang, Ratten rennen quer, später stellt sich eine uralte Frau in den Weg und fragt, ob ich «charas», Haschisch, kaufen wolle, ein Pfeifchen würde mir sicher gut tun. Ich frage die Greisin nach ihrem Alter, sie weiß es nicht, sie dürfte die älteste Drogenhändlerin auf dem Kontinent sein.

Um 7.30 Uhr morgens fährt unser Zug ab, Richtung «crime zone». Die Zeitungen berichten wieder einmal über die «zwölf Verbrechenszonen», die Indian Railways identifiziert hat. Jene Strecken, auf denen «train bandits» das Hab und Gut ihrer Mitbürger mit Vorliebe einsacken. Drei Bundesländer stehen auf der Schwarzen Liste, ganz oben rangiert Bihar. Die hunderttausend Quadratkilometer gelten als das verrottetste Eck Indiens, eine Analphabetin regiert es, hier müssen wir durch. An der Zwischentüren der Waggons steht sinnigerweise, dass sie nachts geschlossen sein müssen, um «Kriminelle» am Betreten zu hindern. Auch lustig das Piktogramm, das die Benutzung von kleinen Öfen untersagt. Unter einem der Aufkleber sitzt bereits Subodh, der Teeverkäufer, und köchelt die ersten zwei Liter Chai. Noch erheiternder sind die zwei rot geschriebenen Wörter First Aid neben dem Bild des verbotenen Benzinbrenners. Muss man noch erwähnen, dass der Erste-Hilfe-Kasten längst entschwunden ist? Wohl bei der letzten Explosion des Kochers. Indien schläfert nicht ein, es erinnert daran – einmal ironisch, einmal brutal –, dass das Leben bis auf weiteres lebensgefährlich bleibt.

Widersprüchliches Bihar. Buddha fand hier seine «Erleuchtung», und Gandhi startete hier seine «Satyagraha»-Bewegung, den gewaltfreien Widerstand gegen die Engländer. Eindeutig, letzte Weisheit und letzte Güte haben noch nicht bei allen Bevölkerungsschichten dieses «Schurkenstaats» (so die Presse) angeschlagen.

Weiß jemand einen geeigneteren Ort als einen voll besetzten Zug, um etwas über die anderen und über sich selbst zu erfahren? Das Helle, das Dunkle, das gemeine Mittelmäßige? Hier ist kein Entkommen, jeder ist jedem furchtbar nah und ausgeliefert. Keiner kann rausgehen und verschwinden, allein sein darf man nur im Kopf. Aber Inder sind verträgliche Mitreisende. Anders als in chinesischen Zügen rotzt niemand auf den Boden, rülpst niemand, stemmt dir keiner den Ellbogen in die Magengrube, um sich zur Toilette durchzuschlagen.

Die folgende Szene könnte sich allerdings auch in China abspielen: Unser Express steht wieder einmal, mitten auf dem Land, ein Signal zeigt auf Stopp. Hunderte haben freien Blick auf zwei Männer, die sich – keine zwanzig Schritte von den Zugfenstern entfernt – nach einem Plätzchen umsehen, es finden, das Bauchtuch lösen, uns Hunderten ihre zwei Hintern entgegenstrecken und bedächtig ihr Geschäft verrichten. Dann aufstehen und – halbnackend und aufrechten Gangs – zum drei Meter entfernten Teich gehen und den Hintern wässern, zuletzt die arbeitsame Linke im Gras abwischen, und ruhigen Schritts ihre Wanderung fortsetzen. Das Geschehen zeugt von archaischer Einfachheit: Wandern, defäkieren, wandern, alles sinnlich und geschmeidig. Die beiden sind nicht siebzig, sie sind siebentausend Jahre alt, leichtfüßig führen sie uns eine andere Welt vor.

Als wir weiterfahren, fällt mein Blick zurück auf eine Frau. Ich bin unfähig wegzusehen. Seit über zweihundert Kilometern, das sind fünf Stunden, behalte ich sie im Auge. Ich will leiden, jeder Blick auf sie provoziert. Sie gehört der indischen Mittelklasse an, sie ist kein Einzelfall. Sie strotzt vor Fett und geistiger Enthaltsamkeit. Sie sitzt und frisst. Man sieht ihr den Unwillen an, sich zum Klogang zu erheben, um das viele Fressen wieder loszuwerden. Hat sie sich tatsächlich überwunden, plumpst sie zurück auf den Sitz. Und wartet, bis sich der einzig funktionierende Trieb zurückmeldet (er meldet sich bald) und das Fressen von vorn beginnt. Sie wendet nicht einmal den Blick, wenn ein Polio-Krüppel an ihr vorbeirutscht und die Hand ausstreckt. Auch kommt sie nie auf die Idee, bitte und danke zu sagen, wenn das Personal die dringend verlangten Kalorien vorbeibringt. Hat sie die Kraft, dann rollt sie zurück auf die Liege, die andere Passagiere bereits geräumt haben. Fehlt die Kraft, so reicht es nur zum Sitzen und Stillhalten der hundert Kilo. Nicht, dass man sie beim Aufschlagen einer Zeitung erlebt hätte. Ein Buch in ihren Händen scheint nicht vorstellbar. Natürlich döst sie in der untersten Koje, damit kein Schweiß ausbricht beim Klettern nach oben. Das aufblasbare Kissen liegt immer bereit, auf dass sich die Fettschwarte nicht an der harten Wirklichkeit stößt. Ich hätte Lust, sie zu watschen. Um uns beiden gut zu tun: Ich wäre meine Wut los, und sie würde aufwachen. Hopefully.

Timophy verhindert das. Er sucht einen Platz und landet bei mir. Ein smarter Kerl, Mitte zwanzig, die schönen Augen hat er von seinen indonesischen Vorfahren, die vor zwei Generationen nach Indien auswanderten. «Der Herr will mich priefen», heißt es auf Jiddisch. Heute prüft mich der Herr. Denn Timophy, der Gertenschlanke, ist als Missionar unterwegs. Im Namen der protestantischen «All for Christ Church» zieht er durchs Land und predigt die Bibel. Er hat es nicht leicht, gesteht er, militante Hindu-Kreise drängen auf eine «anti-conversion bill», ein Gesetz, das die Bekehrung zu einem anderen Glauben bei Strafe untersagt. Da ich noch immer nicht begriffen habe, warum einer Christ werden soll, wenn er zufrieden als Hindu lebt, frage ich den jungen Prediger, was ihn antreibt. Die prompte Antwort: «Ich bin gerettet, deshalb muss ich andere retten. Ich glaube an den lebenden Gott!» Das ist Jesus Christus, der lebende, wahre und einzige Gott. Der indische Himmel, so predigt Timophy jetzt, sei voller «Abgötter», alles schäbige Inbegriffe des Aberglaubens. Jeder, der nicht rechtzeitig «gerettet» wird, so die Logik des jugendlichen Gottesmannes, muss zur Hölle fahren. Und was ist mit dem analphabetischen Bauern, der noch nie von Jesus, dem Einzigen, gehört hat, somit nie die Chance hatte, «gerettet» zu werden oder die «Rettung» auszuschlagen? Jetzt schwankt der Gerettete, meint: «Vielleicht sofort Hölle, vielleicht Entscheidung erst am Jüngsten Tag.»

Sie können es nicht lassen, die Christenmenschen, ihren Wahn zu verkaufen, sie besäßen die Wahrheit und die Unchristlichen irrten durch «darkness» (das Wort steht auf Timophys Flugblättern). Diesen Wahn pflegt so mancher Hindu auch, gerade heute, da sich Teile der einst tolerantesten Religion radikalisiert haben. Aber noch immer pilgert kein Hindu nach Europa, um mir einzubläuen, ich lebte in Finsternis. Es ist ihm unsäglich gleichgültig, an wen und an wen ich nicht glaube. Ich bin an Abermillionen von ihnen vorbei und nicht einer hat je versucht, mir sein Himmelreich aufzuschwatzen.

Ich erzähle Timophy eine Episode, die mir vor Jahren in Bihar widerfuhr, während ich als Reporter über die «Unberührbaren» recherchierte, die Letzten in der göttlichen Hackordnung. Zwei Wochen wohnte ich im Dorf Nighwan, im Heustadel eines Brahmanen, eines Vertreters der Priesterkaste, der allerhöchsten Menschen auf Erden. Shree Pandey war kein Dracula, kein Menschenfresser, eher freundlich und witzig, aber nicht minder wahnsinnig wie alle, die glauben, das «Wort Gottes» erfahren zu haben. Mehrmals lud er mich zum Essen ein in sein Haus. Eineinhalb Meter von mir entfernt schaute er zu. Gleichzeitig mit mir die Mahlzeit einzunehmen, hätte ihn «verunreinigt». Ich war zu niedrig auf die Welt gekommen, um diesen harmlosen Akt der Gleichberechtigung mit ihm teilen zu können.

Das ist nicht die Episode, die kommt jetzt. Der Priester erzählte mir eine Fabel, die beweisen sollte, warum es so, wie es ist, gut ist: Gott beschloss, eine Kreatur zu schaffen, die denken konnte. Er formte den Lehm zu Menschengestalt und schob ihn in den Ofen. Aber Gott war ungeduldig und zog den Mann «medium» gebacken und ungesund blass wieder heraus. Gott ärgerte sich, legte das missratene Produkt, dessen Nachkommen die weiße Rasse werden sollten, zur Seite. Er wollte den

Fehler nicht wiederholen, so ließ er beim nächsten Versuch den Lehm für Stunden im Rohr. Wieder falsch, etwas Verkohltes kam zum Vorschein, klar, hier war der Urvater der Schwarzen entstanden. Beim dritten Mal wusste Gott Bescheid. Als er jetzt sein Geschöpf betrachtete, war es wunderbar bronzefarben, fleckenlos, perfekt. Wie die Brahmanen.

Timophy und ich verstehen uns gut, obwohl er höflich durchblicken lässt, dass meiner Höllenfahrt (gemeinsam mit Shree Pandey) nichts im Weg steht. Wer nicht hören will, muss schmoren, so einfach ist das. Aber irgendwann vergessen wir die letzten Fragen der Menschheit, der Schönäugige zieht ein winziges Schachspiel heraus, jetzt nimmt er Rache für meine ketzerischen Reden. Zwischen Kommen und Wiederkommen von Subodh, dem Teemann, setzt er mich schachmatt. Dreimal. Dass Ungläubige gegen die Glaubensstarken verlieren, auch das war vorauszusehen.

Nachts träume ich von Bishamber, auch ihn traf ich vor Jahren in Bihar. Das Unbewusste ist ein Wunderwerk, kein Detail dieser Begegnung ging verloren: Ein Geschäftsmann hatte mich eingeladen, bei ihm zu übernachten. Noch spätnachts saßen wir in seinem Wohnzimmer und sprachen miteinander, bis jemand an der Tür klopfte. Ein kleiner Mann stand draußen, verbeugte sich tief und bat, ob er etwas zu essen haben könne. Kishor, der Hausherr, ging in die Küche, packte ein paar Früchte und Chapati ein, kam zurück. Jetzt geschah es, der Kleine verbeugte sich wieder und wies die Gabe zurück. Seine phänomenale Erklärung: Er habe Kishor den Kühlschrank öffnen sehen, dabei sei die Innenbeleuchtung angegangen, der Lichtstrahl habe wahrscheinlich Lebewesen getötet. Er bitte um Nachsicht, aber er könne nichts zu sich nehmen, wenn andere dabei ihr Leben verlören. Die anderen waren in dieser Nacht die Mikroben. Er verbeugte sich ein drittes Mal und verschwand in der Dunkelheit.

Minuten später beschloss ich, ihm zu folgen. Ich fand den Wandermönch Richtung Nachbardorf tippeln. Wir wanderten gemeinsam weiter. Bishamber legte den Mundschutz nicht ab, als er mir sein Verhalten erklärte. Früher war er ein «Unberührbarer», bis er dem Hinduglauben abschwor und ein «Jaina» wurde. Weil der Jainismus die absolute Gewaltlosigkeit lehrt und den absoluten Respekt vor jeder Art lebender Existenz. Hohe und niedere Tiere, höhere und niedrigere Menschen kommen in diesem Glaubensbekenntnis nicht vor, sagte er. Nur Wesen, die leben und spüren. Die Verachtung, die er erfahren hatte, wollte er umwandeln in uferlose Liebe. Deshalb der Mundschutz und die Angst um die mit Lichtgeschwindigkeit verbrannten Mikroben, deshalb der Staubwedel, mit dem er ununterbrochen die Straße vor sich kehrte, um nichts totzutreten.

Als ich nach dem Wedel greifen will, packt mich Bishamber an den Hüften und schüttelt mich. Seltsames Benehmen, denke ich noch, bis ich kapiere, dass der Schaffner an meinen Hüften rüttelt: Es ist 3.15 Uhr früh, in zehn Minuten erreiche ich meinen Zielbahnhof.

Ein paar Stunden später, um halb zehn Uhr morgens, falle ich in Trance. In dem Augenblick, in dem ich mitten in Varanasi, ein paar Schritte von meinem Hotel entfernt, die Riksha von Mewalan besteige. Plötzlich bin ich Inder, sehe alles mit indischen Augen, sehe nicht den Dreck, nicht die apokalyptischen Misthaufen, nicht die tausend Urin-Rinnsale, höre keine Hupe mein Ohr zerschmettern, rieche nicht eine Gaswolke, ertappe mein Hirn nicht beim Entwerfen von Ideen, wie Indien zu retten wäre, wie ich hier aufräumen würde, wie man die Arbeitslosen dort drüben von der Straße holen könnte. Ich bin einverstanden, bin Inder, bin von der quälenden Last befreit, eine Antwort finden zu müssen. Mein Herz, mein indisches Herz, dehnt sich, nichts krampft, nichts zuckt.

Warum gerade jetzt, in Varanasi, dieser Anfall von Mühelosigkeit? In der Stadt Shivas, der «heiligsten» Stadt des Landes, dem Ort, wo sie die Toten nicht beweinen, sondern beneiden. Weil hier sterben einen Senkrechtstart ins Nirwana garantiert. War es das Lächeln von Mewalan? War es das sofortige Wissen, dass er mich den Tag über behüten wird? Ich finde keinen Grund. Keiner wäre plausibel, objektiv betrachtet stinkt Indien an diesem Morgen um 9.30 Uhr um kein Jota weniger, produziert es nicht ein Dezibel weniger Krach, bietet es nicht einen Quadratmeter mehr Platz. Im Gegenteil, heute gibt es knapp 55 000 Inder mehr als gestern.

Zum Dashaswamendh-Ghat, einer der vielen Ufertreppen, die zu Mutter Ganges führen, zur «Dukha-Hantri», zur Kummervertreiberin. Wo ich in die Hände von Ram falle, der «only five rupies» schwindelt und mich an sein feines Plätzchen führt, immerhin drei Meter vom nächsten Kuhhaufen entfernt, mich flachlegt, «happy massage, happy thinking» zu singen beginnt und mit seinen Füßen über meinen Rücken, die Beine, die Arme, die Finger spaziert, eine Art Tretmühl-Akupunktur an mir exerziert, aber mit Anmut, mit Federleichtigkeit, mit dem unfehlbaren Gespür dafür, wo sacht auftreten und wo schwer werden und einsinken. Ich will, dass er nie aufhört, alle tausend oder zweitausend Anwesenden in unserer Nähe scheinen genauso einverstanden mit der Welt wie wir beide. Ram summt, die Barbiere rasieren, Glöcklein bimmeln, ein Vogel sitzt auf einem Ochsen, zwei Dutzend lesen die Zukunft in den Händen jener, die tatsächlich die Zukunft wissen wollen, der Fluss glitzert: Er bekümmert sich um jeden von uns, er ist weiblich, sie ist die «Naba-Biti-Hrt», die Angst-Verjagende, sie ist die «Subhrangi», die einen wunderschönen Körper hat.

Auf dem Spaziergang entlang den Meridianen meines Leibs muss Ram irgendwann die fünf Rupien vergessen haben, denn als er mich wieder aufrichtet, sind es «hundred fifty rupies only!». Ich bin zu high, um widersprechen und an die Vergangenheit erinnern zu können. Erledigt von Wohlgefühl lasse ich die Scheine los.

Wieder aufsitzen bei Mewalan. Wie Flüchtlingsströme ziehen sie hier auf den Straßen aneinander vorbei, Fußgänger neben Fußgänger, Fahrrad neben Fahrrad, Laster neben Laster, Auto neben Auto, Ochsenkarren neben Ochsenkarren, Riksha neben Riksha, die einen wollen rein in die Stadt, die anderen raus. Plötzlich springt ein Mann auf den freien Platz neben mir, es ist Prakash, ein Freund von Mewalan, Rikschafahrer auch er. Da wir nur stockend vom Fleck kommen, ist Zeit für eine kleine Geschichte, eine Liebesgeschichte.

Prakash erzählt, wie er den Vater seiner Braut überlistete, um dessen Tochter zu heiraten. Denn der noble Herr wollte nichts wissen von einem «puller», der mit nackten Waden durch Varanasi strampelt. Die noble Tochter schon, sie konnte nicht von ihm lassen. So legt Prakash ein paar Dutzend Doppelschichten ein, um den zuständigen Beamten im Rathaus zu bestechen. Damit aus der Siebzehnjährigen via Urkundenfälschung eine Achtzehnjährige, eine Volljährige, wurde, die ohne väterliche Zustimmung Ja zu einem Mann sagen durfte. Tage darauf wurden sie offiziell ein Paar. Warum, frage ich den Ehemann, hat er nicht noch ein Jahr gewartet, bis die «very pretty» Lakhi auf natürliche Weise das notwendige Alter erreicht hätte? Da lacht Prakash, solche Fragen stellt nur einer, der keine Ahnung von Indien hat. Höchste Eile war geboten, denn schnell hätte der böse Alte von dem Manöver erfahren und ganz andere Beträge aufgeboten, um aus der erwachsenen Tochter wieder eine Minderjährige zu machen. Der junge Ehemann verdient die Liebe, mit Achtung spricht er von Lakhi, kein Triumphgeheul liegt in seiner Stimme, eher andauernde Freude über sein Glück.

Prakashs Freude über mich hält sich in Grenzen. Als er wieder absprang, schien sein Gesichtsausdruck besorgt. Er hatte mich gefragt, und ich hatte geantwortet: dass ich allein lebe, ehelos, kinderlos. Sein Blick schien eindeutig: Hier saß ein Versager, unfähig zum Heiraten, unfähig zur Zeugung. Ich kenne diesen Blick in diesem Land, und er amüsiert mich nicht weniger als der jener Ehemänner, die bereits zehn oder zwanzig Jahre Ehestand hinter sich haben. Dieser Blick ist anders. In einem Auge schimmert zwar noch immer Ablehnung, im anderen aber blitzt etwas wie Neid. Weil sie einen vor sich vermuten, der sein ganzes Leben außer Hörweite nörgelnder Schwiegermütter verbringen darf. Indische Schwiegermütter scheinen – interpretiere ich alle gehörten Dramen richtig – Wiedergeburten griechischer Rachegöttinnen.

Mewalan und ich forschen nach einem, der sich für den dritten Weg entschieden hat. Der weder Vorbild noch Nichtsnutz ist, sondern alle Kraft verbraucht auf dem Weg zu Gott. In nicht vielen Städten der Welt befinden sich pro Quadratmeter so viele Gottsucher wie in Varanasi. Von früheren Besuchen her weiß ich, dass einige von ihnen die seltsamsten Fähigkeiten entwickelt, ja bei ihrer Annäherung an den Himmel sich von manch irdischer Last und manch irdischem Schmerz verabschiedet haben. Ich sehe mir solche Männer gern an, sie erinnern an den bizarren Reichtum des Universums.

Nicht weit vom Monkey-Tempel finden wir Swami Devananda. Die sieben Alten, die unten auf der Straße sitzen, haben ihn empfohlen, er wäre mein Mann. Wie so viele Sadhus –

«heilige Asketen» – hat Devananda einen auffallend schönen Kopf. Dazu die schwarzen Haare, die wachsamen Augen, die klaren, symmetrischen Züge. Ob er heilig ist und ein asketisches Leben führt, wer könnte das sagen. Er wandert durch Indien, von einem «holy place» zum nächsten, lebt von Tee und Chapati, bettelt, meditiert, raucht Marihuana, sagt den wunderbaren Satz, als ich ihn nach seinem Ziel frage: «to get rid of the world-puzzledness», die Verwirrtheit der Welt loswerden. Wir reden leise, er ist ganz einverstanden, auch mit dem Betrag, den ich ihm anbiete.

Wir ziehen uns in ein Hinterzimmer zurück. Ohne den Hauch von Scham legt der Dreißigjährige seinen Lunghi ab, steht nackt da und wickelt seinen Penis um eine Art Stafette, die er mitgebracht hat. Dann «schraubt» er das Holzstück nach rechts, fest, fester. Wie selbstverständlich entkommt mir ein Schrei, schreie ich vor Schmerz, den der andere nicht empfindet. Der Swami bleibt still und ausdruckslos, zeigt auch nie das Gesicht eines Jahrmarktgauklers, der grinsend und schmerzverachtend den eisenharten Max vorführt. Der Swami dreht und dreht und scheint wohl nur verwundert über meine Grimassen, die seine außerordentlichen Pirouetten mitverfolgen. Bis ich beide Hände ausstrecke und um Gnade flehe: Aufhören!, ich will kein Blutbad hier, kein Männerglied der Erde entkommt heil solchen Zumutungen. Also wird zurückgedreht, so unaufgeregt wie eben angezogen wurde. Behutsam legt der Swami den Holzstock zur Seite.

Ich bin kein guter Mensch, Sekunden zuvor dachte ich noch, das Mitleiden mit einem anderen hätte der Neugier Einhalt geboten, hätte sie gestillt. Aber im selben Augenblick, in dem Devananda den Lunghi wieder umbindet, fallen mir die Alten von der Straße ein. Sie erwähnten noch eine andere Kunst des Heiligen, die Kunst des «stone lifting». Warum nicht, meint der Gewichtheber gelassen, legt das Hüfttuch ein zweites Mal ab und wuchtet drei Steinbrocken aus einem dunklen Eck, die drei so groß wie eine Abrissbirne für Wolkenkratzer. Ich glaube es nicht, aber drei Minuten später glaube ich alles. Der Heilige wickelt die Last in sein Leibtuch, verschnürt es und verknotet die dreißig?, vierzig? Kilo mit Hilfe einer Plastikschnur mit seinem Lingam. Jetzt macht er die Knie breit und lässt die drei Brocken schweben. Ich schließe zwischendurch die Augen, aus Angst, dass irgendwas reißt und Last und Genitalien auf den Boden klatschen. Samt Eingeweiden. Was nie passiert, alles bleibt an seinem Platz, gefasst werden indischer Phallus und Steinsack wieder voneinander getrennt, der Auftritt ist zu Ende. Nicht einmal entschlüpfte Devananda eine Geste des Protzens, er scheint um so viele Wiedergeburten der Gleichmut näher, dem Desinteresse gegenüber Freude und Schmerz. Ich frage ihn noch, ob es stimmt, was die Alten reden: dass er mittels Geschlechtsteil einen Sattelschlepper von der Stelle bewegen könne. Jetzt lächelt der Sadhu scheu, ja, das wäre schon richtig. Allerdings läge die Übung schon Jahre zurück.

Nach einem gemeinsamen Abendessen mit Mewalan kehre ich in mein Hotel zurück. Ein Mann spricht mich vor dem Eingang an, ob ich ihn nicht wieder erkenne? Es stellt sich heraus, dass ich ihm um vier Uhr früh, als ich hier ankam, versprochen hatte, ihn als Rikschafahrer für den Tag zu engagieren. Nach den paar Stunden Schlaf hatte ich mein Versprechen vergessen. Aber Nandu reagiert nicht ungehalten. Das Ausfallhonorar muss ich ihm aufdrängen, er nimmt es nur, wenn er mich dafür umgehend zum Tee einladen darf. Heute bin ich rasend in Indien verliebt, heute werfen sie mit einer Liebe um sich, die alle Wunden schließt. Später checke ich meine E-Mails. Ich lese eine verletzende

Nachricht, zehn Zeilen voller Gift, die von nichts anderem berichten als der Unfähigkeit zur Nachsicht. Ein Missverständnis, und einer legt los, als hätte ich sein Erbe hintertrieben. Sofort klar: Nähme ich die rüde Botschaft in Europa zur Kenntnis, sie würde weniger schmerzen, ich wäre akklimatisiert, der Umgangston wäre mir vertrauter. Aber nach zwei Monaten Indien scheinen die Parameter verschoben, die eisigen Härtevokabeln der «Ersten Welt» haben schon seit geraumer Zeit mein Ohr nicht mehr erreicht. Jetzt treffen sie wieder ein, wie Sprengsätze knallen sie an mein Trommelfell.

Den Abend verbringe ich mit der Suche nach einem Restaurant, in dem man essen, lesen und rauchen darf. Alles geht, nur das Paffen ist verboten. Wie so oft in diesem Land. Zwei Meter von den Tischen entfernt wabern Stinkbomben voller Kohlenmonoxyd und Schwefeldioxyd durch die Luft, aber «no smoking». Bald herrschen hier amerikanische Verhältnisse, wo Raucher irgendwann ins Ausland fahren müssen, um sich eine Zigarette anzünden zu können. Aber heute haben die Bewohner Varanasis beschlossen, mir bis in die Nacht hinein gut zu tun. Ein Passant beobachtet meine Verhandlungen mit einem Kellner, er zieht mich drei Straßen weiter zu einem Freund, auch ein Kaffeehausbesitzer, auch ein notorischer Nichtraucher, aber einer, der auch einen Raucher willkommen heißt. Ich kann es nicht lassen, solche Szenen mit umgekehrter Besetzung woanders wieder aufzubauen – in meinem Kopf: Jetzt phantasiere ich gerade einen Deutschen, der einen wildfremden Inder zu einem anderen Deutschen bringt, damit der wildfremde Inder endlich seine verdammten Cigarillos genießen kann.

Am nächsten Tag bleibe ich im Hotel, um einsam zu sein, um zu schreiben. Es gibt keine befriedigendere Einsamkeit, als bei großer Stille das Hirn zu sortieren, darüber nachzudenken, welche Worte zu welchen Gedanken passen. Das sind die Stunden, in denen ich mir ein zweites Leben besorge. In dem ich intelligenter, versöhnlicher bin als an den restlichen Tagen, an denen Stille und Einsamkeit fehlen.

Zehn Kilometer außerhalb von Varanasi liegt das Dorf Sarnath. Hier, so heißt es, habe Buddha nach seiner Erleuchtung zum ersten Mal öffentlich geredet, eben den «Mittleren Weg» gepredigt. Jene Richtung, die den Bedürfnissen des Menschen entspricht. Nicht getrieben von asketischer Verachtung der Welt, nicht ausgeliefert der Gier nach ihr: Beide Extreme meiden und die feine Linie dazwischen finden. Dieser Weg würde den Suchenden auch zu innerem Frieden führen, denn «was immer an Leid ein Feind einem Feind, ein Hasser einem Hasser zufügt, wird dem Verursacher ein größeres Leid auferlegen».

Ich gehe in den Hirschpark. Hier stehen sechs kitschige Statuen, Buddha und die ersten Schüler. Alle sitzen, einer redet, die fünf lauschen. Wer schlau ist, kommt frühmorgens, dann kann er störungsfrei mitlauschen und herausfinden, welche Weisheiten er weise findet und welche 2600 Jahre zu alt. Ich setze mich dazu und schaue auf den Mund des Erleuchteten. Sanft lächeln schien mir stets einer der seltenen Beweise für Klarheit, für Großmut, für grundsätzliches Wohlwollen. In Gotamas Gegenwart fand ich noch immer heraus, was fehlte. Am dringlichsten fehlt die Sanftheit. Nicht die träge und feige, nein, die geduldige, die tapfere.

Andere haben ein Talent für spirituelles Wachstum, sie wachsen ein Leben lang. Ich nicht. Ich habe die letzten zwei Jahrzehnte dreieinhalb Meter Bücher über den Buddhismus gelesen und bin nicht buddhistischer, nicht sanfter als vor den dreieinhalb Metern. Zwischen der Lektüre streifte ich durch siebzehn verschiedene Kurse und Therapien und sah viele Male rührige Frauen und Männer, Therapeutinnen und Therapeuten, nach meinem Körper greifen, rührig bemüht, ihn aufzutauen und ihm Ruhe einzuflößen. Er blieb trotzig. Der Leib wollte Recht haben, an das Sanfte kam er nicht heran. Eines Tages legte ich mich bei Bhagwan in einen «Samadhi-Tank», einen viereckigen Kasten, schwarzdunkel und totenstill wie ein Grab, dessen Boden eine hochkonzentrierte Salzlösung bedeckte. Da hinein mussten die Renitentesten. Um auf dem Salz zu schwimmen, nein, zu schweben. Den Körper durch Leichtigkeit zersetzen, das war der Hintergedanke. Windelweich und eingesalzen kam ich nach Stunden wieder zum Vorschein. Um Minuten später einzuschlafen. Als ich aufwachte, war ich wieder Kämpfer, nicht Verzeiher, nicht Friedensstifter. Das Beruhigende und Beunruhigende zugleich: Ich bin kein Einzelfall, bin und war renitent wie viele andere. Nur eine Minderheit kommt in die Nähe eines Bewusstseins, das anders funktioniert: Das vergibt, das vergisst.

Wie der Bahnhof von Bangalore auf die moderne Stadt verweist, so lässt sich am Bahnhof von Varanasi schon Varanasi ahnen. Der Station Master hat offensichtlich den Versuch aufgegeben, hier eine «cowfree zone» einzurichten. An diesem Ort ist das Rindvieh eben heiliger als anderswo. Als ich über die Fußgängerbrücke zu meinem Zug gehe, stehen zwei Kühe vor der Treppe. Eine dumme Kuh und eine helle. Die Helle schafft es und klettert nach oben. Oben stellt sich heraus, dass die hellere Kuh die dümmere war. Denn auch auf der Brücke wächst kein Gras, trostlos kehrt sie zurück.

Siebzehn Uhr, das ist eine gute Uhrzeit, das späte Nachmittagslicht fällt auf die Passagiere, die auf dem Bahnsteig sitzen, Tee trinken, die Zeitung lesen. Wir lesen: Mister Moorthy, der Eisenbahnminister, ist wieder unterwegs, die Presse berichtet ausführlich von seinen guten Worten und Taten. Eine Tat: Plötzlich auftauchen und die Schrauben an den Gleisen checken. Ob sie fest sitzen oder – wie gestern am Hauptbahnhof in Lucknow – von ihm mit der bloßen Hand gelockert werden können. Solche Nachrichten, schreibt der Journalist des Artikels, nehmen Kunden der Indian Railways mit besonderer Freude zur Kenntnis.

Der rührige Moorthy. In Zukunft werden auch alle «wall pissers» standrechtlich mit fünfzig Rupien (ein Euro) bestraft, wenn sie irgendwohin statt in die Bahnhofstoilette urinieren. Wieder kommentiert der Schreiber sarkastisch, dass es durchaus Gründe gebe, sich «außer Geruchsweite» einschlägiger Abtritte zu erleichtern. Wie dem auch sei, Moorthy stürmt weiter, er will es überall sauber, sogar auf die Wheeler's-Buchläden geht er los und schnüffelt nach «obscene literature». Nach den Aufräumarbeiten hält der Minister eine Pressekonferenz und verspricht rosige Zeiten: Frisör-Salons sollen in Langstrecken-Zügen eingerichtet werden. Dazu rollende Kinos. Beide Neuerungen in «injury-free coaches», in denen alles Stahlharte und Eisenspitze raffiniert gepolstert sein wird. In der ersten Klasse sollen sogar die Klopapierhalterungen neu arrangiert werden, damit kein stiller Gast bei einem Zusammenstoß mit dem Kopf voraus auf einem perfiden Haken landet.

Von «diebstahlfreien» Waggons spricht der Minister nicht. Deshalb bleibt Devdas weiter im Geschäft. «Chains, chains», schreit der Junge und verkauft den Bahnsteig entlang Ketten für das Gepäck. Die Sicherheitsschlösser werden gleich mitgeliefert. Um 18.25 Uhr rollt unser Express aus der Stadt, Richtung Westen. Wir zuckeln dahin, irgendwann fällt mein Blick auf einen kleinen Park, der von Sadhus bevölkert wird.

Sie sitzen, schauen, reden, schweigen, rauchen, meditieren. Premierminister von Indien könnte Kanzler Schröder nie werden. Denn hier haben sie ein Recht auf «Faulheit», auf Aufhören, auf Nichts-«Produktives»-Tun. An beiden Seiten des Gartens, direkt hinter dem Zaun, rauscht die Welt der Fleißigen vorbei, der Getriebenen, stinkend und lärmend, schweißgebadet und bisweilen wohl von der Frage irritiert, welch höheren Sinn ein solcher Umgang mit dem Leben hat. Für die Sadhus scheint dieser zehn Meter nahe Tumult ein Universum weit weg. Sie singen und summen ungerührt das Lob des Nichtstuns.

Ich teile mein Abteil mit fünf koreanischen Mädchen, die knapp vier Stunden ununterbrochen miteinander reden. Nicht ein einziges Mal überkommt sie die Versuchung, mit einer Nicht-Koreanerin oder einem Nicht-Koreaner Kontakt aufzunehmen. Sie begehen die Ursünde des Reisens: Sie bewegen sich im Rudel durch die Welt. Sie lassen sich nicht verwunden, sie erreichen den Ganges und sind noch immer in Korea. Um Schlag zehn Uhr klettern sie in ihre Kojen. Einige Minuten später weiß ich, dass auch einundzwanzigjährige Asiatinnen schnarchen.

Ich finde den Japaner, der mir schon beim Einsteigen auffiel. Gutes Gesicht, schnelle Augen, klare, bedachte Bewegungen. Jetzt spreche ich ihn an. Und er antwortet nicht, er kann nicht, zeigt auf seine Ohren, den Mund, er ist taubstumm. So schreiben Kazuyuki und ich uns Telegramme. Er reist allein, allein als Taubstummer, das ist tapfer. Jetzt will er nach Agra. Ich schreibe zurück, warne ihn, denn nirgendwo in Indien würden sie den Fremden abgefeimter prellen und ausnehmen. Das Taj Mahal steht in der Hauptstadt der Kanaillen, Zehntausende wollen an diesem Denkmal der Liebe mitverdienen, er solle sich wappnen.

Oft fehlen uns beiden die gemeinsamen Wörter, mein Japa-

nisch existiert nicht und Kazuyukis Englisch hat gewaltige
Löcher. So zeichnen wir Gegenstände, um von unserer Vergangenheit oder unserer Zukunft zu erzählen. Aber auch als
Maler taugen wir nicht viel, wir sind linkisch wie Kinder. Irgendwann fragt mich der pensionierte Bibliothekar, was ich
vorhabe. Aber wie einem Fremden den Gedanken zeichnen,
dass ich auf dem Weg zu einem Mann bin, dem ich einen der
heitersten Tage meines Lebens verdanke? Ich male zwei
Männchen mit je einem Herz. Funken trudeln um die Herzen, zwischen den beiden sausen Pfeile hin und her. Kazuyuki lächelt, vielleicht denkt er, zwei Schwule besuchen sich
oder zwei Krieger, die alte Rechnungen begleichen müssen.
Vielleicht ahnt er das Richtige.

Die letzte halbe Stunde lese ich mit der Taschenlampe in der
Hand, wie in Internatszeiten unter der Bettdecke. Ich hätte
gern gewusst, wie Sprachsüchtige mit einem weltweiten «Lesen verboten» umgehen würden. Wie sie das Leben bewältig-
ten, wenn ab morgen – schon daran denken peinigt – kein
Buch mehr zu finden wäre. Mit kollektivem Selbstmord? Mit
Auswendiglernen der Klassiker in letzter Minute, wie in dem
Roman «Fahrenheit 451»? Mit der Flucht in dunkle Schlupflö-
cher, um heimlich der Sucht nachzugeben? Mit einem Amok-
lauf gegen die Übermacht der Sprachlosen? Oder würden sie
verdämmern und einsam werden wie die Bücherlosen?

Hier kommt die Geschichte eines indischen Buchliebhabers,
von der ich schon vor Jahren hörte und die ich mit mir her-
umtrage wie ein Aphrodisiakum: Student Habi S. wurde
beim «gesetzwidrigen Entfernen von Staatseigentum» erwischt. Nach seiner Festnahme musste er vor dem Rektor
und der Polizei demonstrieren, wie er «arbeitete». Habi:
«First rule, keep your lungs deflated!», tief ausatmen, dann
das Objekt hinter den Gürtel zwängen, das Hemd lose drü-
berhängen und sich entspannt, aber nicht krampfhaft ent-

spannt, auf den Ausgang der Universitätsbibliothek zubewegen. Ist das Buch zu dick, um zwischen Unterwäsche und Hosenknopf Platz zu finden, dann gab es laut Habi drei Optionen, eine schmerzhafter als die andere: Die beiden Deckel entfernen oder das Buch halbieren oder – der allerletzte Ausweg – es dreiteilen. Als der Neunzehnjährige versuchte, das Buch «Born to win» (sic, sic) zu expedieren, wurde er gefasst. Das Werk war noch dreigeteilt zu voluminös. Wie so viele Kleinkriminelle beging der Junge den einen Fehler: Er überschätzte sich, wollte nichts wissen von seinen Grenzen. Trotzdem, Habi muss man mögen, seine zügellose Begeisterung für bedrucktes Papier wärmt das Herz.

Unser Zug bummelt. Was, wie oft in Indien, keinen Verlust von Zeit bedeutet, sondern einen Gewinn an Einsicht, Einsicht in das Denken anderer. Jeder, der seine intimen Gedanken mit mir teilt, beschenkt mich. Mögen sie noch so befremdend sein, ein Geschenk sind sie trotzdem.

Ein älterer Herr steigt zu. Ich dirigiere ihn an meinem Platz, wuchte seinen Koffer nach oben, wir haben das Abteil für uns allein. Gangster riechen verstecktes Geld, Pessimisten das kommende Unglück, ich rieche, wenn ich in Form bin, eine Story, die nur darauf wartet, dass einer sie abfragt. Der Mann mit dem Koffer trägt etwas mit sich herum, das ich wissen muss.

Viele, auch Kazuyuki, sind in Agra ausgestiegen, im Laufschritt davon, da schon im einfahrenden Zug von den Schleppern belästigt. Kaum liegt die Stadt hinter uns, leert Mister Sharma seinen Kopf aus. Ich habe später mehrmals darüber nachgedacht, warum der 74-Jährige so freimütig von seinen Sorgen erzählte. Vielleicht erinnerte ich ihn an seine Söhne, vielleicht wollte er sein Unglück bei jemandem loswerden, dem er nie wieder begegnen würde. Als Taxifahrer erlebte ich ähnlich veranlagte Zeitgenossen, nicht wenige verwechselten den Beifahrersitz mit einem Beichtstuhl. Das hat was: Reinkommen, beichten, auf Nimmerwiedersehen abhauen. Heute beichtet ein alter, gebrochener Mann.

Beide Söhne haben studiert, und beide finden keine angemessene Arbeit. Der eine einundvierzig, der andere sechsundvierzig Jahre alt, der Ingenieur sechzehn, der Betriebswirtschaftler zwanzig Jahre lang arbeitslos. Sharma zeigt mir ein Foto seines Hauses, ein schiefes Gehäuse, vor dem Eingang ein Schutthaufen, daneben eine ausgeschlachtete Rikscha. Einst, als er als Staatsbeamter arbeitete und die Söhne ins College gingen, war das Leben gut zu ihm. Jetzt scheint sein Brahmanenherz tief verletzt.

Noch tiefer geht der Schmerz, noch schlafloser jedoch werden die Nächte, wenn er an seine Tochter denkt, die – schier unaussprechbar – bis zu diesem Tag nicht verheiratet ist. Was Sharma zu der Bemerkung verleitet: «Ich habe versagt, ich war zu sehr mit meiner Karriere beschäftigt, um noch Zeit zu finden, sie unterzubringen.» Seit Jahren, seit einem Jahrzehnt, geht der Alte nun bei Bekannten und Verwandten hausieren, um den Passenden («the suitable») aufzuspüren. Kein einfacher Job, der Brautwerber kommt mit einem anspruchsvollen Wunschzettel: Der Bräutigam solle wohlhabend, gut aussehend und ehrlich, kultiviert, ohne Kinder, nicht geschieden und, natürlich, Angehöriger derselben Kaste sein. Das hieße konservativ und standesgemäß. Der Verzweifelte liefert gleich ein Beispiel für die Sittsamkeit der Braut in spe: Nie würde sie eine ärmellose Bluse tragen, nicht einmal eine unterärmellose. Ich frage ausdrücklich nach, und die Antwort kommt ebenfalls ausdrücklich: «Impossible!» Über einen nackten Unterarm ließe er auch später nicht mit sich verhandeln? – «Never possible!»

So lebt die Tochter noch immer bei den Eltern. Wie ihre Brüder. Denn selbstverständlich kann sie – «unthinkable!» – nicht unverheiratet sein und außerhalb elterlicher Aufsicht existieren. Auch sie hat studiert und keinen Beruf. Vater Sharna zeigt mir ein Porträt von Naina, der 42-Jährigen. Nun ja, irgendwann scheint der Brahmane den Kontakt zur Wirklichkeit verloren zu haben. Die Reichen und Schönen und Ehrlichen werden nach dem Blick auf das Bild nicht drängeln. Man sieht das Gesicht einer Frau, die man in Frankreich «ein altes Mädchen» nennen würde. Kein Glanz in den Augen, schmale, noch nie geküsste Lippen, nirgends ein Funken Lebensfreude. Jetzt ist Handelsvertreter Sharna in Sachen Tochter nach Delhi unterwegs, dort gibt es sechs oder sieben Millionen Männer, vielleicht läuft dort ein Heiliger herum. Die Chancen stehen so schlecht nicht: In der Hauptstadt kommen auf tausend männliche Einwohner, so stand es vor Tagen in der Zeitung, nur 821 weibliche.

Tut der Verzweifelte mir Leid? Nicht immer. Vater, Mutter, Söhne und Tochter leben in dem schiefen Gehäuse so eng aufeinander, weil es in ihren Köpfen so eng zugeht. Lieber zu fünft gegen eine Betonwand rennen, als neue Wege ausprobieren. Meine Frage, warum Naina nicht auswärts studiert hat, um möglicherweise fern von Agra jemanden zu treffen und – noch eine schöne Aussicht – Eigenständigkeit und Selbstverantwortung zu lernen, diese Frage versteht der Besitzer der Tochter zuerst nicht. So fern seiner Welt scheint sie, dass ich sie ein zweites Mal formulieren muss. Die Antwort kommt kategorisch: «Unthinkable!» So wird Sharna weiter innig suchen und innig beten, «da alles von Gott abhängt». Als ich ihm beim Abschied anbiete, etwas aus Europa zu schicken, das er vielleicht brauchen könnte, sagt er den tristen Satz: «Schicken Sie nichts, alles vergeht, wozu also Neues besitzen?»

In Mathura, hundertundfünfzig Kilometer südlich von Delhi, steige ich aus. Es ist zu spät, um einen meiner Lieblingsinder zu besuchen, ich deponiere den Rucksack im Hotel und streiche durch die Stadt. Eine gute Idee, denn Swami Cataiga wirft ein Auge auf mich. Der 27-Jährige ist Hare-Krishna-Jünger, er gehört zum nahe gelegenen Iskcon, dem Welt-Mittelpunkt der fröhlichen Glatzköpfe. Ich kenne die Tempelanlage, sie muss der Menschheit unbedingt erhalten bleiben. Wunderbar rosafarbenen Schwachsinn produzieren sie dort, schweben 365 Tage im Jahr auf einem glückseligen Trip, wedeln mit Kerzen, werfen Blumen, hüpfen und prostrieren und schleudern mit ekstatischem Gewimmer den Namen ihres Gottes in den Himmel. Augenblicklich läuft die Kampagne «Protect the Cow, Save the World». Deshalb steht der Swami jetzt vor mir und klärt mich auf: Heute, im Zeitalter der bösen schwarzen Kali, ist die Kuh mehr denn je in Gefahr. Den Apostel muss man nicht drängen, er sagt von selbst die witzigsten Sätze: «Wer die Kuh tötet, tötet die Menschheit» und «Tiere töten ist schlimm, eine Kuh töten das Schlimmste» und «Dieser Mord ist verantwortlich für alle Schwierigkeiten in der heutigen Gesellschaft.» Cataiga redet eindringlich, ich solle es mir genau überlegen, denn «Kuhmörder sind dazu verdammt, so viele Jahre in der Hölle zu faulen, als sich Haare auf einer Kuhhaut befinden».

Was überlegen? Cataiga reicht mir ein Formular, das ich nur auszufüllen brauche, um – ja was? – um «eine Kuh zu adoptieren». Acht verschiedene Angebote gibt es, darunter «Ein Kalb an Kindes statt annehmen», lebenslänglich. Eine Art Leibrente für das Rindvieh, das damit ausgesorgt hätte, sich nie wieder um Futter und Obdach sorgen müsste. Kostenpunkt: 100 000 Rupien, 2000 Euro. Iskcon besitze einen eigenen «holy» Kuhstall, dort wäre das Tier untergebracht. Wer mag, kann auch eine «retired cow» unterstützen, das käme preisgünstiger. Dieses Programm unterhält einen «Pensionfonds» für Kühe, die keine Milch mehr liefern und nun den wohl verdienten Lebensabend antreten wollen. Ebenfalls möglich: Die Übernahme einer Kuh-Krankenversicherung für ein Jahr, Kostenpunkt viertausend Rupien.

Ich nehme die Broschüre an mich und verspreche, es mir genau zu überlegen. Die Aussicht, als Kuhfleisch-Esser Millionen Kuhhaare lang zu schmoren, ist beängstigend. Cataiga, der bis zuletzt heitere Kuh-Liebhaber, versteht das nur zu gut. Er wiederholt noch einmal, an wen genau der Wechsel zu schicken ist, und mahnt: «Think carefully, hell is hot!»

Am nächsten Morgen gehe ich den weiten Weg zum Busbahnhof. Vielleicht muss ich morgen in die Hölle, aber heute will ich den Mann sehen, dem ich einen Tag Ekstase schulde. Langer Weg, oft vorbei an Scharen von Jugendlichen, die dastehen, zusammenstehen, durchhängen, heute so ziellos wie gestern, wie vorgestern, wie letztes Jahr. Sechzehnjährige, Siebzehnjährige, die längst die Schule verlassen haben und nichts finden, um die vielen Stunden totzuschlagen. Keine Arbeit, kein Geld. «Hay más tiempo que vida», sagen sie in Kuba, es gibt mehr Zeit als Leben. Der Satz stimmt auch in Indien. Noch haben die jungen Kerle nicht den aggressiven Blick wie in anderen Ländern, noch nicht das Verzweifelte, das Wissen, dass nicht viel anderes mehr auf sie wartet als Warten.

Mit dem Bus nach Barsana, dem Dorf, in dem Prasad wohnt. Es dauert, bis man einen brauchbaren Sitzplatz findet, meist stehen die Sprungfedern heraus. Nebel liegt über den Feldern. Nach einem halben Kilometer kommt es zu einem Auffahrunfall, Busfahrer und (schuldiger) Lkw-Fahrer verhandeln, der Unschuldige zockt ab, deutet auf eine Delle in seinem Wrack, die niemandem auffallen würde, wüsste man nicht, dass gerade ein Unfall stattgefunden hat. Die beiden einigen sich, Bargeld wechselt den Besitzer, wir stottern weiter. Nicht lange, dann bleiben wir wieder liegen, diesmal aus Altersschwäche. Zweimal steigen alle aus, und zweimal lässt sich der Bus anschieben und zur Weiterfahrt überreden. Dann endgültige Erschöpfung.

Ich wandere ein Stück, irgendwann kommt ein Vehikel und nimmt mich mit. Ich reise, wie sie früher gereist sind: ohne Ankündigung, Prasad hat kein Telefon, keinen E-Mail-Anschluss, seine Adresse ging bei meinem letzten Umzug verloren. Kurz vor Mittag Ankunft in Barsana, auch hier ruhen die Kühe, dafür keuchen und schleppen die Kamele. Das muss sein, noch hat keiner sie heilig gesprochen.

Prasad war der einzige Fünfzigjährige, der sich je in mich verliebt hat. Über ein Jahrzehnt liegt die Liebe zurück. Ich war damals als Reporter angereist, um über «Holi» zu berichten, einen indischen Wahnsinn, ein indisches Entzücken, eine indische Weltbestleistung. Vor 3400, nein 5000, nein 7000 Jahren – jeder weiß eine andere Zahl – begann das Märchen: Da kam der Schönste aller Götter, Krishna, in Mathura zur Welt. Doch sogleich dräute Unheil. Ein böser König, bös wie Herodes, hatte sich vorgenommen, jeden Säugling töten zu lassen. Damit keiner ihn vom Thron stoße. Als Henkerin engagierte er seine sinistre Schwester Putana, die er als Amme mit Giftbusen übers Land schickte. Wen immer sie stillte, sie stillte ihn zu Tode. Röchelnd verendeten die Kleinen. Aber Krishna, das Himmelsbaby, identifizierte die gefährliche Brustwarze rechtzeitig, biss sie ab und schlürfte dem Todesengel das schwarze Blut aus dem Leib.

Ein makelloses Märchen: Das Böse wird vernichtet, das Gute, das Schöne, das Reine lebt weiter. In einer anderen Version der Göttersage wird aus der mörderischen Schwester die mörderische Tante Holika. Sie gilt als Taufpatin der Orgie. Das Datum der Zügellosigkeit – die Vollmondnächte des letzten Monats im hiesigen Kalender – ist wohl überlegt: König, Schwester, Muhme repräsentieren den kalten, leblosen Winter. Krishna macht den Winter tot, er ist Leben, Wärme, Frühling, der Beginn eines neuen Jahres. Mit Holi erinnern die Einwohner an diesen Sieg, indem sie sich ganze Pudersäcke voller Farbe an den Kopf werfen. Viele feuern mit einer «Pichkari», einer umfunktionierten Fahrradpumpe, buntes Wasser auf jeden, der ihnen nicht rechtzeitig entkommt. Bald trotten rosa Elefanten, grünrüsselige Schweine, blaue Ziegen, gelbe Hunde, grüne Katzen und hellrote Kühe zwischen scheckigen Menschen durch die Straßen. Bevorzugtes Ziel der jungen Männer: junge Frauen. Früher, heißt es, schossen aus den Pumpen Aphrodisiaka. Holi taugt auch als Ventil für feuchte, einsame Träume.

Überall im «holy land» wird getobt. An allen Ecken und Enden hat Krishna Spuren hinterlassen. Als er auf der Flucht vor der Rache des Königs nach Barsana kam, traf er Radha, seine Lieblingsgopi, seine Lieblingskuhmagd. Und eine Liebe brach los wie keine andere in der Weltgeschichte.

Und Prasad traf mich, mitten in Barsana, mitten im Gewühle. Beiden von uns standen bereits die Haare zu Berge, da immer wieder gedüngt mit klebrigem «holy water». Prasad, der Träumer, der Lacher, der Verschenker wurde ab sofort mein Lieblingsmensch. Schon nach Sekunden hatte er meine rechte Hand genommen und führte mich ab zum nächsten «government shop». Dort gab es, was ich suchte. Wir kauften Bhang, «to lose head», wie Prasad sagte. Der Dorflehrer wusste Bescheid, wir eilten in sein Haus und mischten die Cannabisblätter mit Nüssen und dem feurigen Gewürz Kalimirtch, dazu kamen Zucker und Wasser. Das ergab einen halben Liter «marihuana juice» für jeden von uns. Austrinken, ex, «damit Frieden in dein Herz zieht».

Anschließend zogen wir wie Tausende andere Pilger hinauf zum Radha-Tempel. Jetzt, kurz nach 17 Uhr, bot das Kaff alles, um glücklich verrückt zu werden. Die untergehende Sonne, die Sterne, die warme Luft, die leichtsinnigen Herzen, die abgöttische Liebe für Radha und Krishna.

Im Tempel brandeten Freudenschreie auf, Lustjauchzer, jedes Mal ein Sturm himmlischer Inbrunst, wenn die Priester für Sekunden den Vorhang wegzogen und der Blick auf die Götterstatuen frei wurde. Hausfrauen wirbelten, Kinder kreiselten, Männer zuckten – liebesnärrisch vor Glückseligkeit – wie geköpfte Gockel über den Steinboden.

Es dauerte nur Minuten, und Prasad flogen die letzten Sicherungen raus. Die Droge, der Sommernachtstraum Holi, die Nähe der Götter, der ekstatische Tempel, jetzt kippte der Fünfzigjährige, sagte plötzlich nicht mehr «er» und nicht mehr «Krishna», nicht mehr «sie» und nicht mehr «Radha», sondern landete mitten in der Legende, sagte «ich» und meinte «ich, Krishna», sagte «du» und meinte «du, Radha», streichelte über mein Gesicht und die Stachelfrisur, flüsterte ergriffen: «My beauty is nothing, your beauty is everything». Wie belanglos, dass wir beide Lichtjahre vom Schönheitsideal indischer Mythologie entfernt waren, Prasad hatte kurzfristig die Wirklichkeit abgestellt, strahlend und fiebernd berichtete er mir, der «most beautiful Radha», von unseren Abenteuern. Wie wir durch die Wälder tollten, wie unsere Gopis und Gopas, unseren Freundinnen und Freunde, uns neckten und hüteten, wie wir Fang-den-Hut spielten, uns losrissen, uns umarmten, uns in die Augen blinzelten, uns am Ende nur noch anfassten, nicht mehr reden und nicht mehr verstehen mussten, «because» – Prasad wisperte es im schönsten Holi-Englisch – «we are taking the answer from the skin by touching it», weil wir durch das Berühren unserer Haut die Antwort erfuhren. So Prasad, der Poet und

165

Sänger, der Dorflehrer und Familienvater, Gott Krishna und Liebhaber Radhas, unterm Nachthimmel von Barsana vor vielen, vielen Monaten.

Wie den Sechzigjährigen heute wieder finden? Nichts leichter in einem indischen Kuhdorf. Ich gehe zur Schule, es ist gerade Pause, die Lehrer winken mir zu, wir trinken Tee, und ich frage nach Prasad. Aber Prasads gibt es viele in diesem Land. Irgendwann stellt einer die einfache, so intelligente Frage: «Is he slim like you?» Ja, schlank wie ich. Man scheint erleichtert, denn schlanke Prasads gibt es viel weniger. Als ich noch Prasad, den Sänger, erwähne, wissen alle Bescheid: «Ah, Prasad, the singer!» Natürlich gibt es ihn noch, er unterrichtet in einem Nest, nicht weit von hier, aber zu weit, um zu Fuß dorthin zu gelangen.

Sie beschreiben mir den Weg zu seinem Wohnhaus, kurz darauf stehe ich davor, Prasads Frau öffnet, sie lächelt und behauptet standhaft, dass sie mich wieder erkennt. Jetzt kommt eine der Situationen, die von der Leichtigkeit des Reisens in Indien berichten. Ein freundlicher Nachbar findet sich, wir einigen uns auf einen Preis, er erklärt mir den Weg und gibt mir den Schlüssel. «Hero» heißt das Leichtgewicht, ich flitze davon. Motorradfahren ohne Helm, nur den warmen Wind im Gesicht, das ist ein sinnliches Vergnügen.

Nach neun Kilometern kommt Rilhosa. Ich lasse den Misthaufen rechts liegen und biege links in den Schulhof ein. Zwei Dutzend Kinder sitzen auf dem Boden, und Prasad steht auf und umarmt mich. So, als hätte er gewusst, dass ich heute um 13.42 Uhr – nach zehn Jahren, zehn Monaten und neunzehn Tagen – hier auftauchen würde. «I am very sentimental», meint er und dreht sich einen Moment zur Seite, um etwas aus den Augen zu wischen.

Das dritte Jahrtausend ist in Rilhosa noch nicht ausgebrochen. Die zwei feuchten Schulzimmer sind zu kalt, deshalb sitzen die Kleinen im Freien. Keine Bänke, keine Stühle. Sie schreiben – flüssig, ja vif – in schmuddlige Heftchen, Bücher fehlen ebenfalls. Knapp die Hälfte der Jungen und Mädchen ist abwesend, sie helfen zu Hause bei den Vorbereitungen für ein Fest in den nächsten Tagen.

Das wird ein bemerkenswerter Nachmittag, weit weg von Holi und den dazugehörigen Freudenschluchzern. Prasad zeigt mir die dunklere Seite seines Lebens. Natürlich werde ich vorher bewirtet, ein Kind rennt nach Chapati und Gemüse, als Dessert kommt eine Karaffe Bhang. Ein bisschen Rausch muss sein, er soll das Schwere entkräften.

Schon überraschend: Innerhalb von achtundvierzig Stunden höre ich zwei unglücklichen Vätern zu. Wie Sharma liegt Prasad nachts wach und denkt über seine erwachsenen Söhne nach. Sie haben beide keinen ihrer Ausbildung entsprechende Posten. Einer tingelt als Hilfsarbeiter, der Jüngere sitzt in einem Holzverschlag und verkauft Elektroartikel. Wenn Männer in Indien über ihre Kinder nachdenken, die aller Voraussicht nach ein langes, aussichtsloses Leben vor sich haben, dann sind sie tatsächlich nicht glücklich. «How can they pass their lives?», wie sollen die beiden zurechtkommen?, fragt Prasad bitter. Zehn Personen wohnen in seinem Haushalt, monatlich verdient er 8000 Rupien, 160 Euro. In drei Jahren wird er pensioniert, dann steht ihm weniger als die Hälfte zur Verfügung. Eigene Existenzängste jagen ihn. «How can I pay my old days?», woher das Geld nehmen, wenn ich alt bin?

Der Übergang passiert nicht schrittweise, die Wandlung kommt plötzlich. Wirkt das Gras? Ist es die Freude über unser Wiedersehen? Prasad beginnt zu summen. Das ist der Unterschied zu Sharma, den nichts rettet, keine Musik, keine Poesie, kein Gift, das in den Rausch führt. Der Brahmane wusste nur von einem strafenden, geizigen Gott. Aber der Lehrer hat diese Stimme und diesen Fluchtweg, sein Gott ist ein Tänzer und Liebhaber. Prasad singt jetzt, ein weicher, samtener Bariton, er hat das, was sie in Nashville «shmaltz» nennen. Man ahnt, dass ihn diese Augenblicke heilen. Er schließt die Augen, scheint nun unberührbar weit weg. Das hat «romance», wenn alle still sitzen, sogar die Kühe herüberblicken und Prasad, der «village teacher», die Stimme hebt und Strophe für Strophe jene weltberühmte, alle irdischen Gesetze niederreißende Liebe von Krishna und Radha besingt.

Eine halbe Stunde später taucht der Sänger zurück zur Erdoberfläche. Damit ich alles ohne jede Zweideutigkeit verstehe, zitiert er Radha, die in dem Lied fragt: «How can I happy him?», wie kann ich Krishna glücklich machen. Ich frage auch, will wissen, wie indische Göttinnen indischen Göttern das Leben verschönern. Doch Prasad pariert meine Hintergedanken: «Sex? Never!», dann, um mir alle Hoffnung zu nehmen: «Sex is a third-class business.» Er bemerkt meinen hilflosen Gesichtsausdruck und legt nach: «Wenn du den nackten Körper einer Frau siehst, sprich einfach den Namen von Krishna.» Ich muss nun noch hilfloser aussehen, denn Prasad sprudelt los: «Krishnas Name ist besser als Sex, Sex ist Tod, aber Liebe ist Liebe.» Eine Pause entsteht, aus Taktgefühl will ich nicht widersprechen. Ich weiß, dass wir jetzt bei einem indischen Lieblingsthema gelandet sind: der Flucht aus der Realität und der Suche nach einer reinen, begierdelosen, immer behütenden Welt. Irgendwann sagt Prasad, und kein Satz hätte weniger überrascht: «I want to go out.» Er will dieses Leben verlassen, er will hinausgehen aus ihm. Nicht als Selbstmörder, aber verschwinden in die Wälder oder entschweben zu Radha und Krishna. Nur Abstand gewinnen zu den Heillosigkeiten des ganz konkreten Lebens.

Abschied von Prasad. Wie dankbar ich mich ihm gegenüber

fühle. Nicht zuletzt für die Hasch-Euphorie, mit der ich jetzt das Motorrad besteige. Der Lehrer winkt, die Kinder winken, wir werden uns wohl nicht wieder sehen. Blau fahre ich zurück, wobei die Gefahrenzonen eher selten auftreten. Zwei Ochsenkarren, drei Bauern und drei Mistgabeln kommen mir entgegen, sonst nichts, nur flaches, stilles Land. Ich spüre, wie die Euphorie nachlässt, werde traurig. Reisen strengt an. Nie bleiben können, immer Abschied nehmen und Weggehen, das höhlt, das leert das Herz.

In Barsana fährt kein Bus mehr nach Mathura, aber ein «Tempo» wartet, das sind Taxis mit zwei Bänken hinter dem Fahrer. Die Abfahrt verzögert sich, weil sorgfältig eingeschichtet werden muss. Statt der vorgesehenen acht sitzen zuletzt achtzehn, auf dem Dach kauern nochmals zehn, plus fünf auf dem Beifahrersitz. Wer von der indischen Überbevölkerung nur liest, wird sie nie verstehen. Er muss sie leben, er muss – wie jetzt ich – alle zwei Minuten die Angst ausstehen, dass er, das Auto und die anderen dreiunddreißig Passagiere das Gleichgewicht verlieren und auf der Gegenfahrbahn von einem donnernden Sattelschlepper niedergemacht werden.

In einer Stadt auf halber Strecke ist Endstation, weiter fährt das Tempo nicht. Auf der Suche nach dem nächsten Transportmittel komme ich an einer «Silencer Garage» vorbei. Das klingt verlockend. Ein «silencer» ist ein Schalldämpfer für Pistolen. Ähnlich hier, Mister Sandip montiert eine Art Lärmfilter auf die Auspuff-Pistolen der Autofahrer. Wie rühmlich. Hoffentlich hält der Wohltäter durch, denn seine Landsleute drängeln sich nicht, um den Krachpegel auf indischen Straßen zu senken.

Abends lese ich den Essay eines Europäers über Indien. Eine halbe Seite ist auch den Indian Railways gewidmet, er schreibt da: «… und die britische Kolonialregierung baute auf dem Subkontinent ein umfassendes Eisenbahnnetz.» Derlei Schwindel habe ich woanders schon gehört. Selbst manch indischer Historiker schreibt ähnlichen Stuss. Eindrucksvoll, wie der Kolonialismus noch immer die Gehirne der Nachwelt wäscht. Kein Wort von den hunderttausenden Indern, die bei brachialer Hitze und brachialer Kälte Schienen verlegten, Brücken spannten, Tunnels bohrten und zu Zehntausenden an Cholera, an Typhus, an Malaria, an Pest, an Hunger und Auszehrung entlang der Strecke verreckten. Ein paar Zeilen Wahrheit sollte ihr Schweiß schon wert sein.

Die letzten hundertfünfzig Kilometer nach Delhi. Der Zug rumpelt, der Teemann kommt, er geht vorbei an Kühen, die bewegungslos im Regen stehen. Kaushik, der Seemann, erzählt, dass er in die Hauptstadt fährt, um seine kürzlich operierten Augen checken zu lassen. Mit der Augenkrankheit kam der Überdruss am Meer und an den langen Fahrten hinaus in die Einsamkeit. Er habe jetzt eine Familie, zwei Kinder, und jedes Mal überwältige ihn das Gefühl des Verlassenseins dringlicher und unerträglicher. Aber an Hamburg und die zugänglichen Schönen hinter den Glasscheiben in der Herbertstraße denkt er mit Wehmut.

Kaushik und die Neue Häuslichkeit liegen im Trend. Immerhin hat es der Seefahrer bis zum sechsunddreißigsten Lebensjahr geschafft, bevor ihn der Drang nach Gemütlichkeit überfiel. Ich lese ihm einen Zeitungsartikel vor, den ich vor Tagen ausgeschnitten habe. Die *Hindustan Times* fragten unter dem Titel «Young India, Old Dreams» die Generation Now, den Nachwuchs des Landes, nach ihren Träumen. Und Greise verrieten ihre Wonnen, echte Daddies, Jung-Spießer, unverdrossene TV-Hocker, immer auf dem Sprung, um die «family values» zu verteidigen, immer nach Ausreden Ausschau haltend, um so lange wie möglich bei Vati und Mutti zu wohnen. Oder – Gipfel der Abenteuerlichkeit – früh zu heiraten. Am liebsten jemanden, den Vati und Mutti ausgesucht haben. Und «Intimverkehr» vor der Ehe? Lieber nicht. Hat Sex in Indien einen miserablen Ruf, so hat der offiziell nicht genehmigte den schlechtesten.

Ein zweites Mal erschöpft lege ich die Umfrage zur Seite. Eine «Generation Jetzt» redet hier? Was für ein hymnischer Titel für dösige Mehlsäcke, die im Hier und Jetzt ihr Leben verschlafen.

Das muss ein weltweites Phänomen sein. In Berlin sprach Joschka Fischer von einer bundesdeutschen «Heiapopeia-Jugend». In Frankreich wurde ein Film über die «Generation Muttersöhnchen» gedreht: «Tanguy» erzählt vom Leben eines Jünglings, der partout nicht das Elternhaus verlassen will. Nebenbei stellen die französischen Halbwüchsigen neue Rekorde beim Sitzenbleiben vor einer Glotze auf: Zweihundertachtundzwanzig Minuten, täglich. Das ist – geht man davon aus, dass Schlaf und Arbeit je acht Stunden kosten – fast die Hälfte des restlichen Lebens.

Noch dreißig Kilometer nach Delhi, ich schaue wieder hinaus auf die regennassen Kühe. Ich spüre, wie froh ich bin. Einmal mehr überkommt mich die Dankbarkeit für die Gnade der frühen Geburt. Wer Mitte der siebziger Jahre erwachsen wurde, der konnte Glück haben. Seine Triebe, seine Drüsen, seine Sehnsüchte wurden noch nicht von Virtualität überwältigt, noch nicht anästhesiert und erstickt vom Schrott einer frenetisch produzierenden Freizeitindustrie. Es gab noch Fluchten. War einer widerspenstig, blieben die Strukturen auch nach dem dreißigsten Geburtstag intakt, sein Verlangen nach Wirklichkeit, nach Tiefe und Nähe, ließ sich nicht mehr korrumpieren. Unbelehrbar besteht so ein Mensch auf seinem Leben als Einzelstück, als Originalausgabe.

Delhi, das 14-Millionen-Desaster, möchte heute schön sein. Als wir ankommen, gehen zwei Männer mit großen Schläuchen über die Schienen, spritzen Schotter und Bohlen ab. Eine Art ambulante Kanalisation, um die vielen, vielen Häuflein der Reisenden wegzuschwemmen. Auf Plattform 9 steht ein Mann in Handschellen, ein Kuhstrick verbindet ihn mit seinem Bewacher, einem Polizisten. Wir drei reden ein paar Worte, ja, er ist ein Mörder, ein Eifersuchtsmörder. Er sagt es wie: Ja, ich bin Nichtraucher. Eher nachlässig, unbeeindruckt von dreißig Jahren hinter Gittern. Ich spendiere ein paar Cigarillos, ein letztes Mal soll ihm Gutes widerfahren.

Bevor ich den Bahnhof verlasse, müssen noch zwei Worte dechiffriert werden. Ich komme an einem Schild mit einem Pfeil und der Aufschrift «Running Rooms» vorbei. Wer will noch weiterleben, ohne zu erfahren, was «rennende Zimmer» sind? Ich gehe den Zeichen nach und lande im ersten Stock, alles ganz unauffällig. Wände, Türen, Fenster, nichts rennt hier. Wer immer mir begegnet, wird befragt, aber erst der vierte versteht das Anliegen, so albern scheint mein Mangel an Wissen. Dass «running rooms» jene Räume sind, in denen sich die Schaffner vom Herumrennen in den Zügen erholen, das liegt doch auf der Hand.

Nach Delhi komme ich mit einem Shoppingzettel, zehn Kilo Bücher und Geschenke für Freunde müssen besorgt werden. Dazu Antworten auf die letzten hundert Fragen zu Indian Railways. Außerdem beginnt einmal mehr die Suche nach einem der sinnlichsten Möbel in der Geschichte der Innenarchitektur: einem schlanken Tisch, umgeben von Stille, einem Ort für drängende Schreibarbeiten. Meine Hotels sind oft zu schlicht, um noch in Tische und Stille investieren zu können. Zuletzt ist ein Besuch beim Sexologen vorgesehen. Ich will wieder einmal wissen, wie es um mich steht.

Auf dem Weg zu meiner Unterkunft komme ich an einem Mann vorbei, der gegen eine Hausmauer uriniert. Ich rufe ihm zu, ob das sein Beitrag sei, Indien zu verschönern. Der Pisser dreht sich um, samt Strahl, und erteilt mir eine klare Absage: «Fuck you, it's my country!» Die Reaktion hinterlässt ein zwiespältiges Gefühl in mir. Irgendwie war mein Stänkern nicht unbillig, denn wer auf Schönheit pocht, hat immer Recht. Andererseits gefällt mir, dass sich einer gegen fremde Wichtigtuer verwahrt. In dem «Fuck you» lagen auch dreihundert Jahre Wut auf britische Zurechtweisungen.

Den Tisch finde ich im eleganten New Delhi, in der Bibliothek des Goethe-Instituts. Das Finden der Antworten bereitet Tücken. Im Rail Bhavan, dem Eisenbahn-Ministerium, haben sie sich ein unauffälliges, dennoch höchst effizientes System ausgedacht, um lästigen Fragern keine Fragen zu beantworten. Unten an der Rezeption gibt es nach dem Bodycheck einen Pass mit dem listigen Satz: «Nur eine Stunde gültig». Ich spurte los. Doch welche Tür des so genannten Public Relations Department ich auch öffne, ein Zeitung lesender Subalterner schickt mich zu einem nächsten Zeitungsleser, der ebenfalls subaltern ist und augenblicklich keine öffentliche Beziehung zu mir herstellen will. Bis ich es bis zum Vize-Chef geschafft habe, der mich umgehend auf den Chef vertröstet. Der sich – zwei Gänge und zwei Spurts entfernt – noch immer nicht an seinem Schreibtisch befindet. Dafür repariert seine Sekretärin eine Schreibmaschine. Sie will mich auf die Wartebank («waiting bench») schicken. Um nicht zu platzen, erzählte ich ihr in drei Sätzen meine Lebensgeschichte: Dass ich im Uterus meiner Mutter auf die Uhr schaute, sofort über die bereits vergangene Zeit erschrak und mich prompt für eine Sturzgeburt entschied. Dieses Gefühl des Stürzens hätte mich seitdem nicht verlassen, folglich wüsste ich nicht, was ich auf einer Wartebank zu suchen hätte. Die Geschichte – bis auf die Uhr ist sie vollkommen wahr – scheint ihr zu gefallen. Das Telefon funktioniert, sie ruft den Chef an, die beiden sprechen hindi, schon möglich, dass sie ihm von einem Mann mit einem wilden, entschlossenen Gesichtsausdruck erzählt, jedenfalls reicht sie den Hörer weiter. Der Chef und ich reden. Er rückt fast alle Antworten heraus, er ist ein Vielwisser, er ist zuvorkommend, er wünscht mir Erfolg, er ist einer aus Indien.

Zur nächsten Station, nächste Fragen. Mitten im Botschaftsviertel steht das «National Rail Museum», kein High-Tech-Ort, hier verwittern die Züge zwischen wucherndem Gras. In den uralten Waggons sitzen Dummies und spielen Maharaja und Lakai, einer sitzt und speist, einer steht und wedelt. Soll keiner sagen, früher war alles besser. Ich erwische zwei Kanadier, zwei «steamlok fanatics», sie umarmen gerade eine 234 Tonnen schwere Beyer Garratt. Wären sie allein, sie würden jetzt sicher zu heulen anfangen über die Radikalität, mit der jeder Eisenbahn-Minister die Dampfmaschinen einmottet und durch Diesel-Lokomotiven ersetzt.

Im Souvenirladen kaufe ich «Mahatma Gandhi & The Railways». In dem Buch wird der weite Umweg beschrieben, den der Vater der Nation abschreiten musste, um bei der Liebe zur Eisenbahn anzukommen. Die erste Begegnung mit dem Verkehrsmittel endete schmerzhaft. Der 23-Jährige, der damals als Anwalt in Südafrika arbeitete, flog an einem Augustabend des Jahres 1893 aus einem Erste-Klasse-Abteil. Weil er ein Inder war, ein «coolie», ein «brownie». Da er von Anfang an auf die Beibehaltung seiner Würde bestand, weigerte er sich auch, den ihm vom Schaffner zugewiesenen Platz einzunehmen. Im Gepäckwagen. In dieser kalten Nacht auf dem Bahnhof in Maritzburg (heute: Pietermaritzburg) fing er an, schlecht über dieses revolutionäre Transportmittel zu reden, sah er es – wie auch nach seiner Rückkehr in die Heimat – als

Machtinstrument der Mächtigen, der Indien-Besitzer, der Engländer. Es sollte nochmals ein Jahrzehnt vergehen, bis er den ungeheuren politischen Nutzen einer gut funktionierenden Infrastruktur erkannte und endlich als Train Junkie wochenlang, monatelang das Land bereiste, um die Massen zum Ungehorsam gegen die Gehorsam einfordernden Briten aufzustacheln.

Buchnärrische erkennt man in Delhi auch daran, dass sie einen halben Tag opfern, um von einem Ende des Schlunds an das andere zu gelangen. Dabei Nasen und Ohren, Herz und Lunge dem Härtetest einer der verstunkensten Ansiedlungen des Planeten ausliefern. Dabei nie auf ihre Fußsohlen hören. Dabei von Ignoranten in vier Sackgassen geschickt werden. Um am Ende, am östlichen Rand der Metastase, vor einer Kellertür zu stehen, hinter der man einen rührigen Verleger mit ein paar Restexemplaren eines Buches vermutet, von dessen Zauber man gehört hat. Zu gewissen Büchern muss man sich durchschlagen, sie sind scheu, sie akzeptieren nur Leser, die es mit ihnen aufnehmen.

Dafür werde ich belohnt, auf dem Rückweg finde ich das «Café California». Lesen und rauchen erlaubt, auch stört kein Schild mit dem Hinweis «Do not sit idle», also kein Aufruf, zügig zu konsumieren und zügig zu verschwinden. Hier könnte der Weltfrieden ausbrechen. Wäre nicht der lautstarke Fernseher, auf dem gerade einer der globalen Peinsäcke, Mutter Madonna, via MTV über ihre Ansichten zur Kindererziehung schwätzt. Jetzt droht ein Kinderbuch von ihrer Hand. Gipfel der Heuchelei: Ihre Tiraden gegen das Fernsehen, dessen Konsum sie den eigenen Bambini strikt untersagt. Wobei sie übersieht, dass sie mit Hilfe genau dieses Mediums den Rest der 6,3 Milliarden Erdenbürger pausenlos zumüllt.

Ich frage nach dem Manager, er kommt, wir sehen uns in die Augen, und eine kleine Männerfreudschaft bricht aus. Ich biete als Bestechungssumme den Preis einer Tasse Kaffee, um diese Schwachköpfin zum Schweigen zu bringen. Mein neuer Freund lächelt verständnisvoll, ich bin sicher, ich hätte ihr Verstummen noch billiger haben können. Das ordinäre Weib wird umgehend abgedreht, Ruhe, nur die Stimmen der Anwesenden, nicht einer schaut auf, nicht einem scheint sie zu fehlen. Das ist der Sieg des kleinen Mannes, ich genieße ihn, ich rauche und lese das Zauberbuch.

Am frühen Abend wird das Haus voll, an meinen Tisch setzt sich ein älterer Herr. Wir kommen ins Gespräch, das geht schief. Denn ein eben versunkener Leser ist ein lausiger Zuhörer. Aber Mister Dev scheint einsam, und ich will höflich sein. Vielleicht ist sein hohes Alter der Grund für sein Thema: Sterben und weiterleben, sprich: Wiedergeburt oder göttlicher Ratschluss. Wie ermüdend. Nicht vieles ist belangloser als die Mutmaßungen phantasievoller Zeitgenossen über den Zustand ihrer «Seele», nachdem das Herz aufgehört hat zu schlagen. Ich bin sogleich wieder der 14-Jährige, der aus der Kirche schlich, sobald der Pfarrer vom Leben nach dem Tod zu predigen begann, von der furchtbaren Aussicht delirierte, gottnah eine Ewigkeit «oben» ausharren zu müssen oder – nicht ganz so furchtbar – «drunten» beim Teufel zu landen. Schon damals ahnte ich vage, dass die meisten nicht einmal ein Leben vor dem Tod haben und schon darüber zu schwadronieren beginnen, was nachher passieren wird.

Herr Dev hat Pech gehabt, er hat sich in die Schusslinie verlaufen, jetzt lege ich auf ihn an. Ab sofort bin ich weniger höflich. Denn sein spirituelles Brimborium ätzt an meinen Vernunftgaben. Ich kann doch dreitausend Jahre später – und mein Gesprächspartner zitiert die alten Meister – nicht dasselbe denken wie einer, der dreitausend Jahre vor mir gelebt hat. Vielleicht war das Uralte okay zu uralten Zeiten. Diese groteske Idee der Reinkarnation. Diese groteskere Idee göttlicher Gerechtigkeit. Ich bin außerstande, mein im Vergleich zu den Niederträchtigkeiten, denen die Mehrheit ausgesetzt ist, unverschämt gutes Leben zu rechtfertigen: Als Belohnung für meine guten Taten in früheren Wiedergeburten, als gottgefällig. Was für ein hochmütiger Gedanke. Ich kann mich auch nicht daran erinnern, dass sich mein jetziges Leben durch unermüdlichen Dienst am Nächsten auszeichnete. Und dennoch bin ich unverschämt privilegiert. Es gibt keine Erklärung, es gibt nur den Zufall, die Geographie, das pure Glück. «Oben ohne», schrieb Karlheinz Deschner, und dabei bleibt es: Oben im Himmel gibt es keinen Gott, wir müssen allein auskommen, keiner weiß von uns. Jede spirituelle Erklärung ist, so das amerikanische Schandmaul H. L. Mencken, käsiger «moonshine talk», ist Anmaßung, ist der jämmerliche Versuch, dem Unfassbaren einen «höheren Sinn» einzureden.

Der nächste Morgen beginnt eindeutig irdisch. Die Presse meldet eine Zugentgleisung und eine «Beinahe-Entgleisung». Keine Toten, nur Schrammen und verschreckte Gesichter. Ein blauer Tag leuchtet, wie geplant mache ich mich auf den Weg nach Old Delhi, zum Sexologen. Auch der hat mit rein weltlichen Problemen zu tun, da im «Jenseits» Eros kein Thema ist: Tote gute Hindus driften ins wunschlose Nirwana ab. Und der Papst hat ja vor Jahren schon das Ausbrechen sexueller Handlungen im Paradies ein für alle Mal verneint. (Den Gläubigen des Islam, hört man, blüht Ähnliches. Neueste Koranforschungen ergeben, dass nicht «weißäugige Jungfrauen», lediglich sterbensfade «weiße Trauben» den rechtschaffenen Moslem erwarten.) Ich suche aus zwei Gründen nach einem Doktor: Weil ich mich amüsieren will.

Und weil mich an manchen Tagen die Idee überkommt, ein anderer sein zu wollen. Denn immer als derselbe das Leben zu verbringen, halte ich für eine Zumutung. Ich will spielen, schauspielern, will jeder sein, nur nicht schon wieder ich. Das ist ein kindlicher Trieb, er soll mich nie verlassen.

Zugegeben, ich bin Wiederholungstäter, vor Jahren war ich schon einmal bei drei der drei Dutzend «Sexologists», «Sex Specialists» und «Sex Therapists», die im großen Bazar der Altstadt ihre hoch dotierten und geheimnisvollen Gaunereien feilboten. Auch damals kam ich aus purer Lust an der Verstellung. Ich stellte mich als armes Würstchen vor und erfuhr den ersten leidvollen Augenblick, als die Rede auf mein Gebrechen kam: «Sexual weakness», hörte ich mich flüstern, zwei grausame Worte aus dem Mund eines Mannes, der noch kein Recht hatte auf libidinöse Ermattung. Aber die Herren schmunzelten, sie wussten wohl schon Bescheid, als sie mich zerknittert auf einem Stuhl im Wartezimmer sitzen sahen.

Es wurde einer der zehn vergnüglichsten Tage meines Lebens. Alle drei Inhaber von «Sexkliniken» insistierten auf einem «thorough physical check-up». Die gründliche Körperuntersuchung bestand darin, dass ich Hose und Unterhose herunterließ und nach vorne trat. Ich ahnte nicht, dass nun sofort der schwierigste Moment kommen würde. Schiere Lachkrämpfe schienen aus mir herausplatzen zu wollen, als ich Dr. Gupta, den ersten Sexganoven, sein Stethoskop an mein Sorgenkind legen sah, anschließend Dr. Sablok beim Suchen einer Lupe helfen musste und zuletzt Dr. Rajinders gewaltigen Elefantenvibrator energisch zwischen meinen Beinen herumstochern fühlte.

Unübersehbar: Nicht einmal produzierte ich eine standhafte Erregung. Ich riss mich zusammen und hörte gefasst die Diagnose: Kein «hopeless case», aber die Behandlung wäre teuer. Dafür «hundert Prozent Garantie», schon nach vierzehn Tagen: «You feel wonder!» Dr. Sablok, der Mann mit der Lupe und den fingerkuppendicken Brillengläsern, war der witzigste, er sagte klar und deutlich: «Lady wants erection». Ein verräterischer Satz, nicht der Mann will sie, nein, die Frau. Dass mein «Zeugungsglied» an keinem «psychologischen Problem» litt, sollte ich noch wissen, das Ganze wäre eine «rein technische Frage». Und darauf gab es Antworten, die drei ließen sich nicht lumpen. Zwischen Africa Treatment, London special und den Nawabi-Shahana-Super-Pills hätte ich nur auszusuchen brauchen. Alles von «höchster Qualität», alles durchsetzt von Moschus, Safran, wilden Kräutern, Goldstaub, Edelsteinpulver und Silberkrümel. Zweimal morgens, zweimal abends schlucken, im Stehen, ein Glas Milch dazu wäre empfehlenswert. Mit dem Hinweis, zuerst meinen Banker aufsuchen zu müssen, um die Finanzierung der Problemzone zu besprechen, machte ich mich davon.

Heute scheint die Lage anders, ich finde viel weniger Adressen. Auch das große rostige Blech mit den Lettern «Consult for early discharge» ist verschwunden. Nicht so verwunderlich. Da immer weniger Sex im Land stattfindet, gibt es auch immer weniger arme Teufel, die an einem vorzeitigen Samenerguss leiden. Auch der Hochstapler, der tatsächlich behauptete, «Durchfall, Aids und Hodenkrebs» zu kurieren, hat sich verzogen. Dafür laufe ich Laloo, dem Straßenhändler, über den Weg, der die Zeitschrift *Chastity – The Complete Sex Education Magazine* verkauft. Das ist wahnsinnig komisch und wahnsinnig wahr: Keuschheit – Das komplette Sexualerziehungs-Magazin. Hochgestimmt suche ich weiter und finde endlich einen «Dr. Budra/Male-Female-Specialist», ich steige über zwei Hintertreppen und läute.

Der Schreck um 11.15 Uhr ist gewaltig, denn kein Fachmann öffnet, sondern eine Fachfrau, eine elegante Dame, eine Witwe, die nun die Geschäfte des Verstorbenen weiterführt. Ich muss blitzschnell umdenken, eine Ganzkörper-Inspektion scheint nun deplatziert, ich mutiere in fünf Sekunden vom kränkelnden Hilfesuchenden zu einem Spätzünder, der sich endlich verlobt hätte und nun nach Rat Ausschau hielte. Denn Rat wäre dringend erforderlich. Zweifach nötig, da es sich bei mir um einen eher schüchternen Herrn handle und bei der Braut um ein Mädchen, das meine Tochter sein könnte. Wie die Blutjunge – so meine konkreten Fragen – mit Virilität und weltmännischem Raffinement an mich binden? Meine Sorge sei doch berechtigt, wie viele Männer verfolgt mich die Angst, dass die Muntere eines Nachts aus dem Bett stürme und nach einem ebenfalls Blutjungen Ausschau halte.

Missis Budra weiß sogleich, was es geschlagen hat. Mit «every day is too much for you» eröffnet sie eiskalt die Konsultation. Auch Masturbation habe nichts mehr in meinem Alltag zu suchen. Ich müsse jetzt die Realitäten des Lebens akzeptieren und mich bescheiden. Ich mag ihre harsche Antwort, sie zeigt, dass sie keinen Schwindler vor sich vermutet, sondern einen aufrechten Verlobten, der sich nach der Lösung seiner Albträume umsieht. Aber dass ich «every second day» meiner Zukünftigen Freude bereiten könne, dafür hätte sie ein Mittel, es wäre nichts weniger als «infallible». Sie öffnet mit einem Schlüssel den schweren Schrank hinter sich und holt eine unscheinbare Dose mit 126 grünen, «unfehlbaren» Pillen heraus. «Eigener Anbau, eigene Fabrik, eigener Vertrieb.» Je sechs Stück davon schlucken, einundzwanzig Tage lang, «dann sind Sie geheilt.» Woraus das Aphrodisiakum bestehe, will ich noch wissen. Das könne sie leider nicht preisgeben, «we have our own secrets». Den Preis darf ich wissen, nur Verzweifelte können ihn bezahlen. Da ich auch heute noch nicht verzweifelt genug bin, erfinde ich einen Freund, bei dem ich nachmittags die Geldpacken abholen wolle. So bepackt würde ich morgen zur selben Zeit hier wieder antanzen.

Und das Raffinement? Wie wird aus einem ungelenken Gimpel ein Liebhaber, der von allen Geheimnissen und Verstecken des weiblichen Körpers weiß? Die Witwe greift lächelnd in die Schublade und holt das Standardwerk des Verstorbenen hervor: «Secrets of Sex», ein rotes Heftchen, 43 Seiten, umgerechnet vierzig Cent. Bei der feierlichen Übergabe senkt sie die Stimme und sagt verschwörerisch: «Das Buch wurde nach seiner Veröffentlichung von der Polizei beschlagnahmt und verboten!» Dankbarst nehme ich die heiße Ware in Empfang und verberge sie sorgfältig im Geheimfach meiner Tasche. Freundlicher Abschied, ich bin gerüstet.

Mein letzter Abend in Delhi, und heute endet er ohne Missklang. Im Café California läuft wieder MTV, aber diesmal ist es Lionel Ritchie, der redet und singt. Der peinigt keinen, schwätzt keinen dumm. Als er «Is it me you are looking for» anstimmt, will ich nur hinhören und schmelzen und beneiden. Später lese ich in der *Times of India* einen Bericht über einen Yoga-Lehrer, der von seinem Ashram erzählt und den Möglichkeiten, mit Hilfe von Yoga ein innigeres Leben zu führen. Auffallend, dass er nicht einmal Richtung Himmel und Erleuchtung abhebt, von keinen Visionen und höchsten Einsichten weiß, sondern immer auf dieser Welt bleibt. Nie kommt das Wort Gott vor oder Moral, oder ein Trost für später. Dafür sagt er: «Life is not worth of concern that has lost glamour, purpose and dignity.» Den Satz schneide ich aus. Glanz, Vorsatz und Würde, mit solchen Wörtern gehe ich gern ins Bett.

Mit dem Zug weiter nach Jaipur, der Hauptstadt von Rajastan. Delhi nach Westen zu verlassen ist noch anstrengender, als es vom Osten her zu betreten. Einundvierzig Minuten lang wuchern entlang der Schienen die Slums, hocken Männer, Frauen und Kinder in nächster Nähe der blechernen Verhaue und erledigen ihre Notdurft. Der Zug zockelt, als wolle uns der Lokomotivführer Gelegenheit geben, genau hinzusehen. Unübersehbar: Die «New World Order» wird zwei Drittel der Welt nicht erreichen. Landschaften der Scheiße, und keiner schreit. Die Schmerzgrenze habe ich bis heute nicht in diesem Land entdeckt. Die einen kauern und kacken, die anderen fahren vorbei und legen sich nachlässig den Schal über Mund und Nase.

Ich blicke in die Gesichter, die ein paar Meter entfernt zurückblicken, und verstehe einmal mehr, warum wir Weißen so fasziniert sind von dieser Armut. Weil wir noch immer nicht begriffen haben, warum sie, die Inder, nichts haben und dennoch nicht unglücklich sind. Nicht, dass sie brüllten vor Glück. Aber sie sind behüteter, nicht in der permanenten Gefahr, aus dem Gleichgewicht zu fallen. Sie scheinen unberührbarer, gewappneter gegen die Anwürfe des Unglücks. In der 42. Minute wird der Mundschutz abgelegt, wir fahren durch grüne, satte Felder.

Ich lese «Secrets of Sex», zuerst das Löbliche: Der Leib wird nicht bespuckt, nicht ausgespielt gegen Seele und Geist. Er ist «da» und soll auch zu seinem Recht kommen. Wenn man weiß, wie viele Berührungsängste ihn hierzulande noch immer verheimlichen wollen, dann glaubt man die Beschlagnahmung der Broschüre. Dass Dr. Budra auch ein Autor seiner Zeit war, lässt sich allerdings nicht überlesen. Ein Kapitel handelt von der Kunst des Ehemannes (außerehelicher Sex kommt nicht vor), die Ehefrau im Bett «einzustimmen». Die Zeilen entlocken so manchen Grinser. Man wird den Eindruck nicht los, dass der Frauenkörper einer Maschine ähnelt, bei der es gilt, den Anlasser zu finden: Damit sie anspringt und Richtung keuchender Wollust schleudert. «Twist the nipples», dreh an den Brustwarzen, lautet einer der Ratschläge, von denen man nicht weiß, ob sie zur Beschleunigung der Lüsternheit beitragen sollen oder zum Absterben der Hingabe.

Vor mehr als fünfzehnhundert Jahren wurde in Indien das Kamasutra («Liebes-Unterricht») geschrieben, das Buch vom eleganten Liebemachen. Vatsyayana schrieb es auch, so wird überliefert, um daran zu erinnern, dass es neben der Pflicht des Geldverdienens und den Pflichten den Göttern gegenüber noch eine dritte Pflicht gab: die der Verzückung, des Berührens, der erotischen Besinnungslosigkeit. Irgendwie ging das Wunder verloren, vertrieben von den Moslems, von den Briten, von einem bigotten Hinduismus.

Die folgende Geschichte soll Zeugnis davon ablegen, dass die menschliche Natur sich dennoch nicht abschaffen lässt, dass die Sehnsucht zwischen Mann und Frau bleibt. Sporadisch zumindest: Vor nicht allzu langer Zeit gab es auf dem Zug Delhi–Jaipur einen dramatischen Zwischenfall. Ein Student hatte der Bahnhofspolizei gemeldet, dass sich eine Bombe an Bord des Express befände. Notbremsung auf offener Strecke, alles rannte hinaus, zwei Stunden lang fanden die Hunde nicht eine verdächtige Coladose, alles wieder einsteigen, Weiterfahrt. Offensichtlich handelte es sich um einen Fehlalarm. Inzwischen verglich der Polizeiboss die Personalien des Studenten mit der Reservierungsliste. Irgendwas stank. Es stellte sich heraus, dass der Name des Informanten genau neben dem eines Mädchens stand, in das der 21-jährige Möchtegern-Bomber – irgendwann legte er ein Geständnis ab – schwer verliebt war. Da er die Abfahrt versäumt hatte, sollte der Alarm den Zug wieder zurückbringen.

Mit wem auch immer diese junge Frau ihr Leben verbringen wird, sie wird nie wieder jemanden treffen, der sich mit einem der weltgrößten Arbeitgeber anlegte, um sie, sie allein, nicht aus den Augen zu verlieren.

Abends Ankunft in Jaipur. Als ich nach dem Ein-checken aus dem Hotel trete, bedrängen mich neun arme Schlucker. Aber es ist der falsche Augenblick, ich brauche gerade nichts, keine Rikscha, keine Rasur, keine geputzten Schuhe, kein Ticket, kein Girl, kein Zimmer, kein Armband, kein Rauschgift, keine Massage. Wie ein fieser Daddy beschleunige ich den Schritt. Es gibt Tage, da will ich von dem Recht Gebrauch machen, ein schlechter Mensch zu sein, will der sein, dem viele Ausreden einfallen, um tatenlos verschwinden zu dürfen. Zweihundert Meter weiter, in Sicherheit hinter der dritten Ecke, weiß ich, dass die Reise durch Indien dem Ende zugeht. Ich spüre den erschöpften Körper, die vielen Tage und Nächte, das Tempo, den Druck, das Suchen, die Legionen von Indern und Inderinnen, an denen ich vorbei bin, die Einsamkeit. Ich bin nicht unbegabt im Ertragen von Alleinsein, aber ich will die Begabung nicht überschätzen. Kafka erwähnte einmal, «die Geschichte habe ihn abgeworfen». Er wollte damit sagen, dass er beim Verfassen einer Story plötzlich den Rhythmus verloren hatte, nicht mehr wusste, wie weiterschreiben. Einem Indienreisenden kann es ähnlich ergehen, Stunden kommen, da wirft Indien ihn ab. Dann liegt er am Boden und braucht eine lange Pause.

Ich gehe zurück zum Bahnhof und finde Suno, einen Rikschafahrer. Ich beschreibe ihm das Aussehen einer westlichen Frau, die morgen früh hier ankommen wird. Er solle mir bitte beim Finden helfen. Im morgendlichen Gedränge könne man leicht jemanden verfehlen. Wir vereinbaren Punkt sechs Uhr, vor dem Haupteingang.

Indien widerlegt einmal mehr alles. Am nächsten Morgen wartet Suno bereits auf mich, und der Zug aus Bangalore, im-

merhin achtundvierzig Stunden unterwegs, hat nicht mehr
als sieben Minuten Verspätung. Ich bewache die Vorderfront
des Bahnhofs, Suno postiert sich vor den Nebenausgängen.
Noch fluten die Reisenden auf den Platz mit den Taxis, da
kommt der Fahrer schon gelaufen und ruft: «Beautiful woman is standing». Ich höre gern einen Mann von der Schönheit einer Frau reden, auf die ich warte.
Nadja ist Fotografin, schon vor der Reise hatten wir verein-
bart, uns auf dem Subkontinent zu treffen. Wir lernten uns
in Paris kennen, augenblicklich arbeitet sie an einem Projekt
über Buddhismus. Wir begrüßen uns diskret wie Bruder und
Schwester, ich hole mein Gepäck aus dem Billigschuppen,
Suno fährt uns zu einem Hotel, das mir von einem Freund
empfohlen wurde. Gute Empfehlung. Hier schützt ein Bal-
dachin das Bett, und auf das flache Dach leuchtet täglich
vierzehn Stunden lang die Wüstensonne Rajastans. Anschließend leuchten die Wüstensterne.
Unsere Augen sind blind, erblindet vom Sehen der letzten
Monate, wir wollen keinen Fuß vor die Haustür setzen. Wir
bleiben drei Tage auf dem Dach, reden und hören zu. Er-
nährt werden wir von guten Geistern, die immer dann mit
Nachschub kommen, wenn wir darum bitten. Da Frauen die
verlockender aussehenden Menschen sind, kann ich mit
Shorts und freiem Oberkörper dasitzen, während die Französin nur leicht die Beine bloßlegen darf. Nicht, dass das
Tragen eines Bikinis verboten wäre, aber wir bemerken von
Anfang an, wie Männer auf andere Dächer steigen und ungeduldig herüberblicken. Am Ende des zweiten Tags werden
die Blicke seltener, man hat sich damit abgefunden, dass nur
ein halb nackter Mann zu besichtigen ist. Das lohnt nicht einen Schweißtropfen.
Schöne Tage. Einmal sehe ich unten auf der Straße eine Kuh
liegen, und plötzlich weiß ich, was die heiligen Tiere mitten

im Verkehr tun: Sie meditieren. Anders ist die Ruhe nicht zu erklären, die sie ausstrahlen. Einmal geht eine Sirene los, schrill wie ein Stahlgewitter, irrsinnige drei Minuten lang. In dieser Stunde erklärt die Regierung dem Nachbarn Pakistan den vierten Krieg, denkt der Fremde. Aber nicht doch. Wie ich von der Hotelbesitzerin erfahre, soll diese apokalyptische Posaune die Beamten in den umliegenden Regierungsgebäuden zur Mittagspause aufwecken. Einmal erzählt Nadja die Geschichte von dem jungen Buddhisten Nawang, der als Jugendlicher von seinen Eltern in eine Tempelgemeinschaft geschickt wurde und mit dem sie die letzten Wochen durch Indien reiste. Von Kloster zu Kloster. Vieles hätte ihr an ihm imponiert. Auch die gemeinsamen Nächte in einem Zimmer, in denen er nicht aufhörte, ein Heiliger zu sein. Auch die maßlose Bescheidenheit, mit der er unterwegs war: Ein Bündel mit Seife, Zahnbürste, Zahnpasta, Handtuch, einem Reserveunterhemd, einer Reserveunterhose. Sonst nichts. Hunderte Male wurde ihr, der Weißen, bewusst, was sie alles benötigte. Lauter Gegenstände, von denen der andere nie auf die Idee gekommen wäre, dass man sie benötigen müsste. Zuletzt hätte der 26-Jährige ein kleines Geheimnis mit ihr geteilt: Dass die Suche nach Erleuchtung nur Mumpitz sei, dass eine moderne Lesart des Zen-Buddhismus davon ausgehe, der tiefere Sinn der Übungen liege darin, ertragen zu lernen, dass es «Erlösung vom Ich» nicht gibt. Satori sei etwas für Kinder und Schwachköpfe. Die Meister wüssten längst, dass sie nicht erleuchteter seien als die Novizen. Doch hätten sie gelernt, mit diesem Scheitern, diesem Mangel an Kontrolle über die eigene Existenz zu leben. Das sei die eine große Kunst: Es hinnehmen.

Am vierten Tag muss Nadja zurück zu Nawang. Ich nehme den Zug nach Mumbai, der Endstation der Reise. Es gibt eine Müdigkeit, die den Körper mit Zufriedenheit erfüllt. Kein

Widerstand regt sich. In meinem Abteil sitzt eine Finnin, die als Restauratorin mithilft, die verwilderten architektonischen Schätze Rajastans zu retten. Sie schenkt mir den Ausdruck «Ease of soul». Diesen Zustand löse Eisenbahnfahren in ihr aus. Sie zitiert glatt William Wordsworth, der vom «promised gain» sprach, dem versprochenen Gewinn, den das Sitzen neben und Schauen aus einem Zugfenster auslösen würde. (Er saß in einem der ersten Züge überhaupt.) Ich habe nur den Bericht eines indischen Soziologen anzubieten, der zu dem Ergebnis kam, die Entstehung des weit gespannten Schienennetzes habe auch dazu beigetragen, dass weniger Inzucht-Ehen gefeiert wurden, somit weniger «village idiots» zur Welt kamen. Später werde ich einen Mann beobachten, der eine Stunde lang (dann gebe ich auf), das Gesicht seiner außergewöhnlich schönen Frau betrachtet. Die Liste der Vorzüge von Indian Railways scheint endlos.

Sitzen und die Welt anschauen und das Schaukeln im Körper genießen, englische Romantiker und heutige Zugfreaks haben höchstwahrscheinlich ein paar Gene gemeinsam. Irgendwann fällt mir der Artikel ein, den ich gestern über einen «Indienexperten» las. Wie ich mich beim Klang eines solchen Titels stumm verbeuge. Wie ich ihn beneide, den Kundigen. Und belächle. Schuld daran hat Bert Brecht, der jedem Anflug von Besserwissen mit dem Satz widersprach: «Alles übergab ich dem Staunen, selbst das Vertrauteste.» Der Wink mag überall taugen, aber eine Million und ein Mal soll er auf diesem Subkontinent gelten, der wie kein anderer Erdteil vor Widersprüchen platzt, der ununterbrochen überläuft mit Wundern und Geschichten, die von diesen Wundern erzählen.

Ich warte noch darauf, dass einer von diesen Experten eine «Gebrauchsanweisung für Indien» veröffentlicht. Sie wäre am nächsten Morgen schon unbrauchbar. Mit einer Bedienungsanleitung im Gepäck macht man sich nicht auf den Weg zu Geheimnissen. Das Risiko, nicht zu wissen, was tun und was denken in diesem Land, dieses Risiko muss der Neugierige aushalten. Vielleicht findet er eine Antwort, vielleicht nicht. Reicher jedoch geht er immer davon. Auch wärmer. Ich war nach meiner Rückkehr noch stets – ein paar Wochen allemal – ein empfindsamerer Mensch.

Weit hinter dem offenen Fenster sehe ich einen Bauern mit einem roten Sonnenschirm neben seinem Ochsen stehen. Der Kleine lehnt gegen den Großen. Der rote Fleck, der gelbe Himmel, die beiden, mitten in der leeren Landschaft. Ich schließe die Augen und fotografiere das Bild. Ein virtuelles Foto, sogleich ziehe ich es auf meine Großhirnrinde, die hungrige Festplatte. Wie die tausend mal tausend anderer Bilder wird es mich nähren bis ans Ende meiner Tage.

Ruhiger Flug nach Europa. Als aus dem Cockpit das baldige Erreichen des Zielflughafens gemeldet wird, sehe ich einen Inder seine Handschuhe anlegen. Ich bilde mir ein, er fröstelt bereits. Hier ist es kalt.

Weitere Titel von Andreas Altmann

Einmal rundherum

Im Land der Regenbogenschlange

Notbremse nicht zu früh ziehen!

Reise durch einen einsamen Kontinent

Sucht nach Leben

Weit weg vom Rest der Welt

Das für dieses Buch verwendete Papier ist FSC®-zertifiziert.